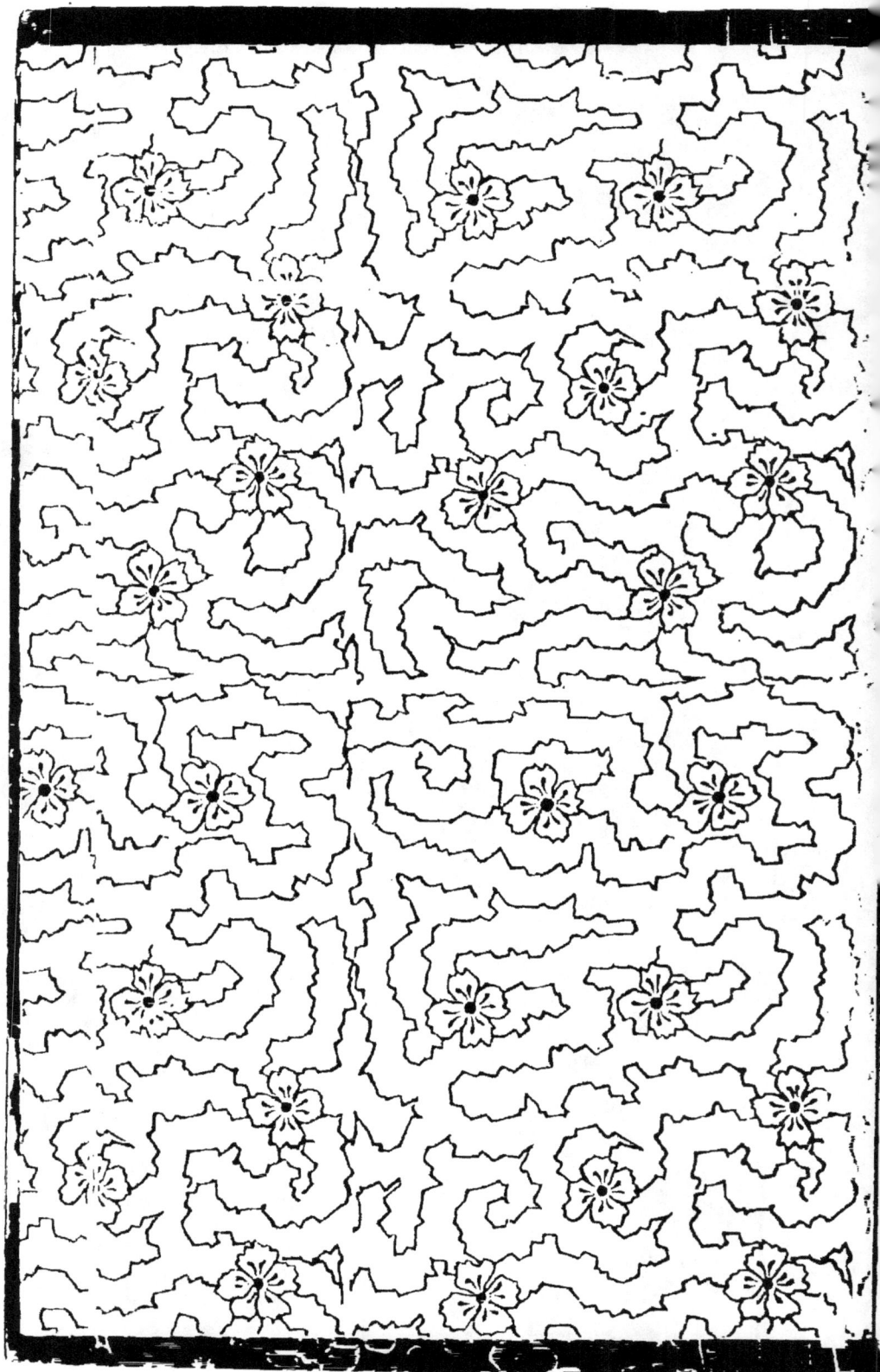

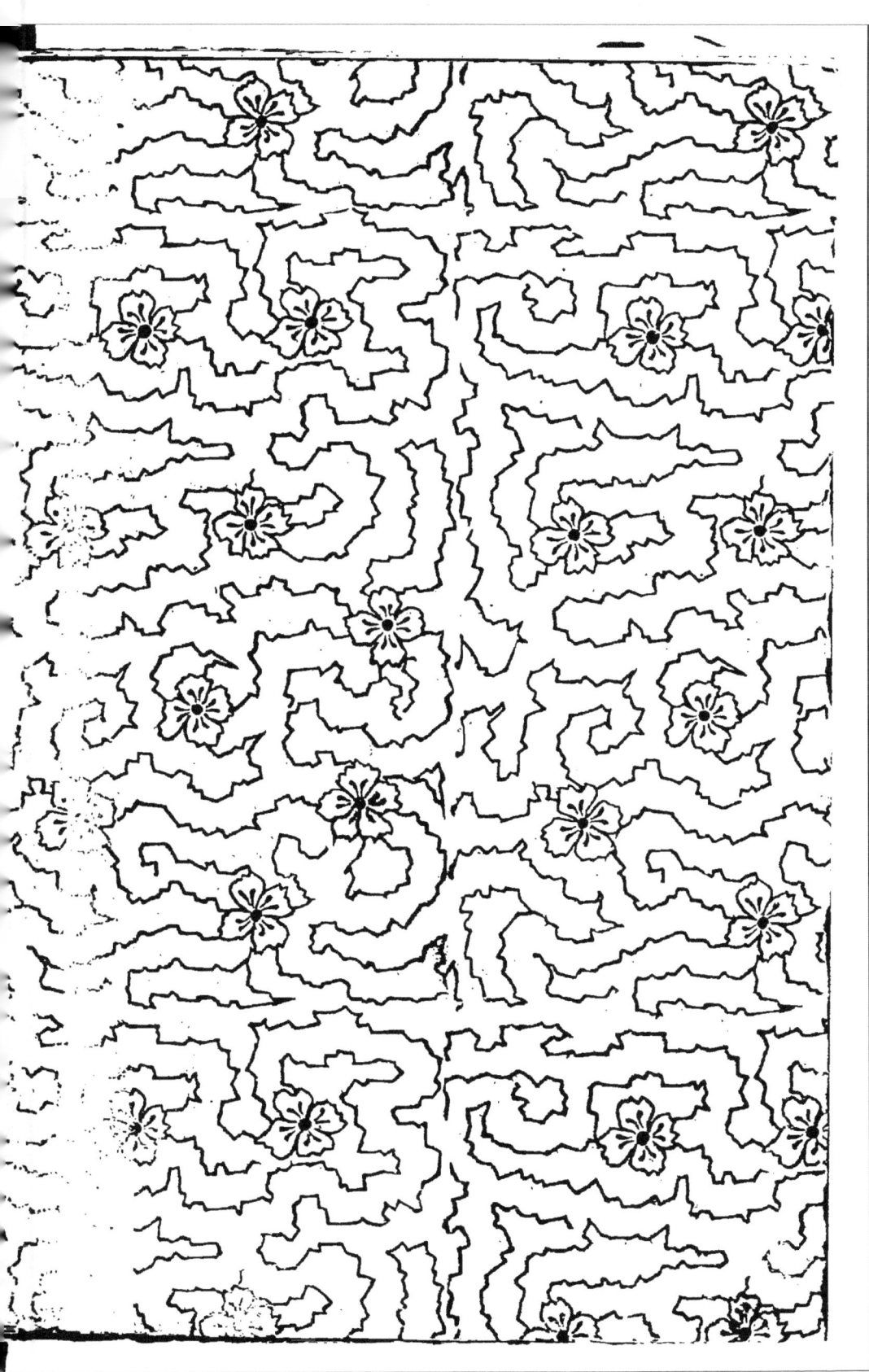

À LA MÉMOIRE

DE

CHARLES BIGOT

(1840-1893)

DISCOURS PRONONCÉS AUX OBSÈQUES

ARTICLES NÉCROLOGIQUES

IMPRIMÉ

PAR CERF ET Cie À VERSAILLES

59, RUE DUPLESSIS, 59

1893

$L_n^{2\prime}$

$4 \cdot 30$

A LA MÉMOIRE

DE

CHARLES BIGOT

(1840-1893)

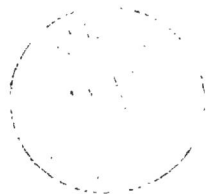

DISCOURS PRONONCÉS AUX OBSÈQUES

ARTICLES NÉCROLOGIQUES

IMPRIMÉ

PAR CERF ET Cie A VERSAILLES

59, RUE DUPLESSIS, 59

--

1893

DISCOURS

M. LE GÉNÉRAL MOTAS-D'HESTREUX

AU NOM DE

L'ÉCOLE DE SAINT-CYR

Messieurs,

C'est avec un sentiment de profonde tristesse que je viens au nom de l'École de Saint-Cyr dire un dernier adieu au maître éminent, qui pendant douze années a professé d'une façon si brillante le cours de littérature dans notre école militaire.

Il ne m'appartient pas de rappeler ici la carrière si bien remplie de M. Bigot, ses succès universitaires, son talent d'écrivain et de publiciste ; je laisse ce soin à des voix mieux autorisées. Mais ce que je tiens à répéter en présence de tous ceux qui l'ont approché, connu et apprécié, c'est qu'il a laissé à Saint-Cyr, parmi les élèves, les officiers et les professeurs, un souvenir impérissable.

Nous nous plaisions à reconnaître en lui un caractère délicat, impartial et sympathique ; une

bonté fine et spirituelle, une bienveillance sans
égale. Il avait su dépouiller son enseignement de
tout ce qu'il aurait pu avoir de doctoral et de philosophique. Il savait que dans notre école il
s'adressait à une jeunesse impressionnable, enthousiaste, qu'un mot peut enflammer, qu'une
idée peut diriger; aussi aimait-il à rechercher
toutes les occasions de faire vibrer chez elle
toutes les fibres patriotiques qui formaient comme
l'essence de son âme ardente et généreuse.

J'en appelle au souvenir de tous ceux qui l'ont
entendu à Saint-Cyr; et ce n'est pas sans une cer-
taine fierté qu'il pouvait voir parmi ses auditeurs
volontaires les plus assidus l'élite de nos professeurs.

Malheureusement la maladie l'avait depuis
longtemps touché. Pendant quelque temps, il fut
possible encore de se faire illusion; mais le jour
vint où ses forces le trahirent et ce ne fut pas
sans regrets, sans émotion, que nous le vîmes
s'éloigner de cette école de Saint-Cyr, qu'il aimait
par-dessus tout. Sa santé, ébranlée par des souffrances longues, cruelles, courageusement et
stoïquement supportées, n'était plus capable de
résister au moindre assaut, et c'est ainsi qu'il a
été enlevé presque subitement à l'affection de tous.

Mais notre pensée, Bigot, te suivra dans un monde meilleur. Au nom de l'École de Saint-Cyr, au nom de tous, officiers et fonctionnaires civils, adieu, Bigot, adieu.

M. PAUL STRAUSS

AU NOM DE

L'ASSOCIATION DES JOURNALISTES RÉPUBLICAINS

C'est avec une profonde émotion que l'Association des journalistes républicains a appris la mort prématurée de Charles Bigot. Cet homme de lettres impeccable, ce pédagogue souriant, ce pénétrant critique d'art, était d'abord et par-dessus tout un des nôtres ; il était journaliste dans l'âme, honorant notre profession par la dignité de sa vie, la modestie de son caractère, sa haute probité intellectuelle et morale.

Pendant de longues années, après avoir fait ses premières armes dans le *Gard républicain* et la *Gironde*, Charles Bigot a collaboré au *Siècle*, cette citadelle de l'esprit laïque et de la foi républicaine sous l'Empire et sous l'ordre moral ; il a été l'un des plus brillants rédacteurs du *XIXᵉ Siècle*, de la *République française*, du *Gagne-*

Petit, du *Journal officiel*, de la *Revue bleue*, et, même après avoir abandonné le service actif du journalisme, il n'en était pas moins resté parmi nous fidèle à ses amitiés, à ses convictions, obstinément attaché au culte des belles-lettres, épris d'idéal et de liberté, ne plaçant si haut Athènes ou Rome que pour mieux exalter la France et pour élever son patriotisme à la hauteur d'un apostolat.

Charles Bigot avait su conquérir, comme journaliste et comme écrivain, non moins que comme professeur, l'estime cordiale et respectueuse de tous, et si la nouvelle de sa mort a éveillé partout des regrets unanimes, elle a plus particulièrement affligé notre Association à laquelle Charles Bigot n'avait cessé de donner l'autorité de son nom et l'appui de ses sympathies.

Au nom de l'Association des journalistes républicains, au nom de ses anciens camarades et de ses jeunes confrères, j'adresse à Charles Bigot un dernier et douloureux adieu !

M. PAUL GAULOT

AU NOM DE

LA SOCIÉTÉ DES GENS DE LETTRES

———

Je viens au nom de la Société des Gens de lettres dire un dernier adieu à l'homme de cœur, à l'éminent confrère qui fut aussi remarquable par le caractère que par le talent.

Peu d'hommes ont eu une existence plus laborieuse et plus variée dans son unité, car s'il a toujours servi et aimé la cause du Beau, du Bien et du Vrai, c'est sous des formes différentes qu'il a célébré les objets de son culte.

On vous a dit ce que fut le journaliste ; moi je veux rappeler ici ce que fut l'homme de lettres.

Dès son début dans la vie, Charles Bigot fut hanté par le besoin d'écrire, — et qui s'en étonnerait ? — car il savait que dire, celui qui prenait la plume. Les pensées germaient nombreuses dans ce cerveau fécond, et la forme dont il savait les envelopper les rendait plus charmantes à la fois et plus frappantes.

Qui ne se souvient de cet ouvrage exquis *Le Petit Français*, où le patriotisme coulait d'une source si pure qu'il prenait envie à tous de s'y désaltérer? Le succès en a été grand : l'Académie française a couronné l'ouvrage ; mais elle n'a été en cela que l'interprète du public ; et ce sénat des lettres, si l'on peut ainsi parler, n'a fait, en cette occasion, que ratifier le vote universel.

Vous citerai-je cet autre ouvrage au titre singulièrement modeste : *Questions d'enseignement secondaire*. dans lequel Charles Bigot répondait à ceux qui veulent bannir de l'instruction les souvenirs des langues mortes, et revendiquait pour les esprits d'élite cette nourriture fortifiante que nous ont léguée les écrivains des temps passés.

Ai-je besoin de rappeler qu'il fut critique littéraire, critique dramatique, et qu'il sut en tout et toujours se montrer un parfait ami de l'art en toutes ses manifestations ? — Il était estimé parmi nous, celui qu'Edmond About qualifiait jadis de « moraliste ingénieux » et de « penseur profond ».

Aussi est-ce avec une tristesse véritable que nous avons appris la mort de cet homme de bien,

de cet éminent confrère ; et l'hommage ému que
la grande famille des Lettres apporte sur sa
tombe n'est que l'expression de regrets sincères
et universels qu'adoucit seulement la pensée
qu'il n'est pas mort tout entier, puisque son
œuvre nous reste, et que son souvenir, grâce à
elle, demeurera vivant parmi nous.

M. FONCIN

AU NOM DES

ANCIENS ÉLÈVES DE L'ÉCOLE NORMALE

Mesdames, Messieurs,

Permettez à un camarade de dire, au nom des autres et en son nom, les derniers adieux à son camarade, à son ami de l'École, à son frère de l'Université.

Nous sommes encore quelques Barbistes qui se rappellent avec émotion l'arrivée de Charles Bigot dans cette demeure de la place du Panthéon dont les directeurs Labrouste, Guérard, avaient notre vénération. Dans la cour, où la Bibliothèque Sainte-Geneviève projette son ombre, ce fut un peu de printemps et de soleil qui vinrent nous visiter avec cet adolescent grand, blond et rose, un peu penché comme la branche d'un pommier en fleurs.

Depuis lors, nous fûmes inséparables. Nous nous sommes préparés ensemble à l'École sur les bancs du lycée Louis-le-Grand, entraînés par l'éloquence familière d'Aubert-Hix, aiguillonnés par l'esprit incisif de Glachant. Notre ami qui nous arrivait tout droit d'Alençon, de sa province agreste, où il s'était instruit à peu près seul, eut quelque peine à plier son indépendance et son originalité à la discipline intellectuelle de la rhétorique du vieux lycée.

Ensemble nous avons franchi le seuil du sanctuaire plus libre de la rue d'Ulm. Et, pendant trois ans, que d'études fécondes, que de douces causeries, que de suggestives et interminables polémiques, dans l'intimité de cette demi-claustration ! Toujours gai, toujours bon, Charles Bigot nous étonnait et nous charmait par la curiosité de ses recherches, par la richesse de son imagination, par la facilité de sa plume courant, alerte, sur le papier, comme par la finesse de ses reparties, la fière noblesse de ses sentiments, la constance de ses amitiés. Dans les conférences, nous observions, avec la satisfaction de notre amour-propre corporatif, que nos maîtres comptaient toujours avec son avis et considéraient en lui quelqu'un.

Tel il était alors, au sortir de l'École, jeune agrégé des lettres, tel, je le revois dans la suite ;

toujours fidèle à lui-même, à ses convictions et à ceux qu'il aimait. Son libéralisme large et doux, qui était l'essence même de son caractère ; son amour de la République mûri en silence sous les derniers temps de l'Empire ; son culte pour les lettres fortifié par deux années de professorat à Cahors et à Nevers, où il se montra le plus consciencieux et le plus brillant des maîtres ; son adoration pour l'art pleinement épanouie à l'école d'Athènes et pendant son heureux séjour à Rome ; jamais, à aucun moment de sa vie, il ne laissa choir un seul des fleurons de cette couronne qui allait si bien à son front limpide et à son lumineux sourire.

Il n'y eut, je crois, que deux grands événements dans son existence. Au retour de Rome, il était professeur à Nîmes lorsque la guerre éclata. En cette année de notre grand deuil national, son patriotisme longtemps contenu déborda et lui révéla à lui-même son éloquence d'écrivain. Sa collaboration à une vaillante petite feuille *le Gard Républicain* décida du reste de sa vie : il se fit journaliste, et je le revis bientôt à Bordeaux, où dès l'abord il plut et fut aimé, et où le plus digne, le plus hospitalier des journaux, *la Gironde* lui avait ouvert les bras.

Mais, en se séparant de l'Université, il ne la quitta point ; son plus vif désir fut toujours d'y rentrer. Il lui prouva son amour filial en s'intéressant à ses réformes, en les défendant de sa plume, en se faisant porter, déjà malade, aux séances de la commission qui s'efforçait de les régler. Il resta professeur dans l'âme et il le fut, non seulement à Saint-Cyr, mais à Saint-Cloud et à Fontenay-aux-Roses, où se forment les maîtres et les maîtresses du plus nécessaire et du plus national de nos enseignements, de l'enseignement primaire.

Sur le chemin si net et si droit de notre ami il y eut, je ne dis pas un autre tournant, il y eut mieux : il rencontra celle qui a été sa compagne chérie et qui veut rester pieusement l'inconsolable gardienne de son souvenir. Comment dire la noble intimité de ces deux talents, la délicieuse collaboration de ces deux cœurs, l'union profonde de ces deux âmes ? Et quel rayonnement de joie intérieure, mais communicative, lorsque autour de la table en fête s'élargissait le cercle des tendres camaraderies et des bonnes affections ! La maladie même, la plus cruelle des maladies ne put rompre ce charme ni troubler cette héroïque sérénité.

Jusqu'au dernier jour, jusqu'au dernier souffle, cher et véritable ami, tu semblas t'appliquer à rester l'orgueil de notre amitié, et nous donnant, ô maître, avec une simplicité admirable, ta suprème leçon, tu nous enseignes comment il faut savoir souffrir, aimer et mourir.

Qui ne voudrait, même aux prix de tes souffrances, avoir fait siens ton pur talent, l'honneur de ta vie, et goûté des consolations pareilles à celles de ton bonheur?

M. GUADET

AU NOM DES

ANCIENS ÉLÈVES DE L'ÉCOLE DE ROME

Mesdames et Messieurs,

Au nom des camarades, c'est-à-dire des amis de Charles Bigot, je viens à mon tour lui dire un adieu ému et cordial, essayer d'exprimer les profonds regrets que nous laisse la perte de cet esprit d'élite, de ce cœur chaud, de cet ami sûr.

On vient de vous dire ses titres si sérieux à l'estime et à la gratitude de ses contemporains ; je n'y reviendrai pas. Nous sommes beaucoup ici dont le deuil est surtout intime, fait de souvenirs amèrement rappelés, d'affection attristée. Saurai-je du moins vous dire pourquoi Charles Bigot avait de si nombreux amis, des amis si chers, des amis si déterminés à garder de lui un impérissable souvenir ?

C'est d'abord que son esprit était libéral et juste, que son cœur était généreux et bon ; c'est

aussi que la vie qu'il a su se faire, à la double
clarté des lettres et des arts, épure encore la noblesse d'une âme déjà noble par nature, par héré-
dité, par éducation virile ; c'est que quiconque
rencontre dans sa vie un camarade qui réunit la
fermeté et la délicatesse, la finesse et la confiance, l'esprit, la bonté, le dévouement, serait
bien malheureux s'il n'éprouvait que le connaître,
c'est l'aimer !

Et puis, Messieurs — pardonnez-moi si j'évoque
ici des souvenirs personnels à quelques-uns
d'entre nous — ce n'est pas en vain qu'on a ensemble promené ses rêveries à l'ombre du Par-
thénon et des Propylées, dans les sentiers du
Pentelique ou d'Eleusis, parmi les lauriers-roses
du Céphise et de l'Illissus, sur les flots qu'en-
cadrent les rochers de Salamine ; qu'on a erré
ensemble parmi les ruines de Rome, au Vatican,
à Florence, à Venise, ou dans cette sublime campagne romaine, partout où l'artiste et l'historien
ont tant d'idées à échanger ! Ce n'est pas en vain
qu'ensemble, à l'âge où s'affirment les vocations,
on a passé quelques belles années dans ces se-
reines oasis d'Athènes et de Rome, mettant en
commun les études et les sensations, se pénétrant mutuellement d'art et de poésie, osant en-

2

semble être fiers de cette antique vertu dédaigneuse des railleries impuissantes, l'enthousiasme !

C'est là que Charles Bigot se formait à devenir l'un des écrivains qui ont su le mieux parler des choses d'art. Avec quelle délicatesse et quelle autorité, vous le savez : oserai-je dire que l'originalité de ses travaux de critique fut surtout dans son caractère, ce caractère qui était la liberté ? Jamais il n'appartint à personne, à aucun groupe, à aucune chapelle. En art aussi, c'était bien une pensée libre, ayant la volonté de son indépendance : heureux d'applaudir aux succès de ses amis, sans doute, mais incapable de les susciter artificiellement, Bigot était un de ces juges que la haute idée de leur mission défend de toute complaisance et de toute simonie.

Tel est l'homme que nous aimions. C'était pour nous une joie de le voir dans l'intimité de réunions cordiales, toujours gai, aimable, brillant, même lorsque déjà la maladie minait son corps sans oser s'attaquer à son intelligence. — Puis il dut renoncer à se prodiguer, il dut..... mais vous savez quelle effroyable existence fut la sienne pendant trop d'années, et ses amis dont il était jadis la gaîté et l'entrain, durent alors

l'aimer autrement : l'aimer avec une profonde
pitié pour de si longues et si pénibles souffrances,
surtout avec une profonde admiration pour tant
de fermeté et d'énergie contre le mal. Sa sérénité dans la douleur fut en effet admirable : les
sommations impérieuses de la maladie furent
impuissantes contre sa volonté : il est mort sans
avoir fléchi.

Souvenirs radieux, souvenirs poignants, voilà
ce qui nous reste d'un ami bien cher : qu'il me
soit permis d'y joindre un autre souvenir, celui
d'un dévouement vraiment héroïque, qui sut
tromper ses souffrances, adoucir au-delà du possible l'amertume d'une vie brisée, d'une mort
anticipée, et de témoigner ici d'un respect qui
vivra toujours dans le cœur des amis au nom de
qui je dis à Charles Bigot leur dernier adieu.

M. DUSSAUD

AU NOM DES

ANCIENS ÉLÈVES DE CHARLES BIGOT

———

Messieurs,

Je me reprocherais de vous retenir encore, si je ne croyais pas remplir un devoir en apportant ici le suprême hommage des anciens élèves de Bigot. On vous a dit avec émotion, avec éloquence, ce que furent le journaliste et l'écrivain. Ce qu'on n'a pu vous dire, c'est ce que fut le professeur, au temps, déjà lointain, où, revenant d'Athènes et de Rome, il rapportait à ses premiers élèves ses impressions toutes fraîches de Grèce et d'Italie. Et, surtout, ce que ne peuvent connaître ceux qui n'ont pas eu l'inoubliable bonheur d'en profiter, c'est cet enseignement si varié, si vivant, si élevé, c'est cette chaleur communicative qui faisait de notre ami le maître par excellence. En 1869, à l'heure où sa haute intelligence et son ardent patriotisme sentaient les tristesses de l'heure présente et pressentaient les effondrements prochains, ce n'était pas seulement de grec et de latin qu'il nous parlait, pas plus que dans ces dernières années, ce n'était de littérature seulement qu'il entretenait ses élèves chéris de Saint-Cyr. Ce qui l'occupait, ce qui le préoccupait toujours et avant tout, c'était le souci de développer, dans les jeunes esprits, le respect du devoir, et l'amour de la patrie. C'est pour cela que nous, qui avions pour lui plus que de l'affection, plus que de la vénération, nous qui avions au cœur la reconnaissance qu'on doit à qui nous révèle et nous ouvre un monde nouveau, nous qui lui devions nos premières émotions patriotiques, nos premiers frissons, nos premières espérances, nous ne pouvions pas ici garder le silence. Et c'est pour cela que je suis venu, certain d'être l'interprète des anciens comme des derniers élèves de Bigot, apporter sur cette tombe, avec notre triste et respectueux adieu, notre dernier remerciement !

ARTICLES

M. HENRI MARION

La *Revue pédagogique* a perdu en Charles
Bigot un de ses plus fidèles collaborateurs. Les
dernières pages qu'il ait données au public ont
été pour nous ; et cette « Causerie littéraire » du
mois de mars, où il nous entretenait notamment
du dernier livre de M. de Vogüé et de l'œuvre de
Taine, bien qu'écrite ou plutôt dictée au milieu
des plus atroces souffrances, ne le cède ni pour
l'aisance et la bonne grâce de la forme, ni pour
la netteté du jugement, à aucune de celles par
lesquelles, durant tant d'années, en nous tenant
au courant de tout ce qui se produisait de notable
dans les lettres françaises, il nous a charmés,
instruits et fait penser.

Pourtant ce n'est pas là l'unique raison, ni
même la principale, que nous ayons de rendre
hommage à la mémoire de ce parfait honnête
homme et de ce vaillant écrivain. N'eût-il pas été

notre ami, nous devrions encore saluer en lui,
au moment où il nous quitte, un des meilleurs
ouvriers de cette œuvre qui prime tout à nos yeux
et qui domine l'histoire de notre temps : la régé-
nération de la France par l'éducation.

I

Charles Bigot naquit à Bruxelles en 1840, de
parents français. Son père, médecin de valeur,
était Normand ; et c'est d'Alençon qu'il arriva à
Sainte-Barbe en 1858 pour se préparer à l'Ecole
normale. Il y entra en 1860, dans la promotion
de MM. Georges Morel et Foncin, entre autres, qui
se lièrent avec lui d'une profonde amitié. M. Foncin, sur sa tombe, évoquant avec une précision
émouvante le souvenir de ces années, a tracé de
Bigot normalien un portrait plein de fraîcheur et
de vie que je voudrais pouvoir reproduire, car
c'est déjà celui de l'homme que nous avons
connu quinze ans plus tard. Ç'a été, en effet, un
trait charmant du caractère de Bigot de conser-
ver, dans sa pleine maturité et jusque dans les
épreuves les plus terribles, ce qu'il y a de meilleur dans la jeunesse, la vivacité et la franchise
des impressions, la chaleur des sympathies, le

désintéressement, la foi en l'idéal, le mépris dé-
cidé de toute vilenie.

Il sortit de l'École normale agrégé des lettres
et partit en 1864 pour l'École française d'Athènes,
c'est-à-dire d'abord pour Rome, étape obligée,
que nul ne s'aviserait de brûler volontairement.
Ce premier séjour à Rome et ceux qu'il y fit dans
la suite eurent de deux manières sur la vie de
Bigot une influence décisive. Il connut là l'élite
des artistes de sa génération, se fit autant d'amis
de la plupart des peintres, sculpteurs, architectes,
musiciens, en qui s'incarne aujourd'hui l'art français, et, s'initiant auprès d'eux à l'esthétique
générale comme il avait fait par ses études à
l'esthétique littéraire, se prépara inconsciem-
ment à devenir un des critiques d'art les mieux
informés, les plus respectés de notre temps.
D'autre part, c'est à Rome aussi qu'il connut par
Henri Regnault l'excellent portraitiste américain
M. Healy, et sa belle famille, dans laquelle il trouva
la femme supérieure qui devait être la compagne
de sa vie.

Il y a diverses manières de profiter du séjour
d'Athènes, qui ne s'excluent pas sans doute,
mais ne s'unissent pas non plus nécessairement.
La plupart des élèves de l'École se donnent à

l'érudition, entreprennent, s'ils le peuvent, des fouilles archéologiques : c'est ce que nous regardons, en général, comme leur fonction propre. Mais ainsi ne l'entendaient pas ceux de nos vieux maîtres qui étaient de purs humanistes. J'ai entendu l'un d'eux déplorer amèrement, comme une sorte de trahison, qu'un premier agrégé des lettres, homme de goût et déjà un écrivain, pût laisser là les humanités « pour aller ramasser des pierres en Béotie ». Tout le monde n'a pas d'ailleurs la bonne fortune de faire une découverte. Il arrive donc nécessairement qu'une partie de ces jeunes gens reviennent, je ne dis pas les mains vides, car on peut trouver que ce sont parfois les plus riches, mais avec le gain tout intime qu'on rapporte du plus beau des voyages, fait dans les plus heureuses conditions : avec une moisson de connaissances et de souvenirs, l'esprit élargi, le goût formé, l'âme à jamais exaltée par des émotions ineffaçables. C'est de ceux-là que fut Bigot.

Au temps où lui et ses camarades revinrent d'Athènes, l'Université n'avait pas comme aujourd'hui des maîtrises de conférences dans les facultés à leur offrir, pour leur permettre de mettre aussitôt en œuvre leur acquis, et de faire

leurs thèses en attendant des chaires d'archéolo-
gie ou de littérature grecque. C'étaient des chaires
de lycées qu'on leur donnait, et non pas toujours
supérieures à celles qu'ils auraient eues au sortir
de l'École normale. Il fut professeur de rhétorique à Cahors, et bientôt après à Nevers. C'était
un grand luxe que de donner de tels maîtres à de
si modestes écoliers ; mais quelle bonne fortune
pour ceux-ci, quand ils se trouvaient avoir de
l'étoffe ! Bigot eut sur plusieurs une influence décisive, et tous ont gardé de lui un vivant souvenir.

Il professait la rhétorique à Nimes en 1870-71.
Exalté par nos désastres, ardemment en quête
des moyens de panser nos blessures, son patriotisme se trouva à l'étroit dans une classe. Il crut
user d'un droit élémentaire, ou plutôt remplir un
devoir civique, en prenant publiquement et réso-
lument part aux luttes politiques du moment, car
elles mettaient en danger la liberté, en dehors
de laquelle il ne voyait point de salut pour le
pays. Mais, comme la liberté était menacée précisément par le pouvoir qui avait, on ne peut dire
la garde des institutions, mais la charge de sup-
pléer aux institutions en ruine, c'était chose har-
die à un fonctionnaire que de se réclamer d'elle

avec cette décision et de prendre sa défense dans
la presse. Les articles de Bigot dans le *Gard républicain* furent incriminés par ses chefs, et il donna
sa démission.

La *Gironde* se l'attacha aussitôt. Il s'y révéla
journaliste aussi ferme qu'élégant, d'une fécon-
dité, d'une facilité, d'une variété de ressources
qui n'avaient d'égales que la sûreté de son caractère et la dignité de sa plume. Ces qualités gran-
dirent encore à Paris, où le *Siècle* l'appela dès
l'année suivante. Elles parurent dans leur éclat
au *XIXᵉ Siècle*, durant les années où il fut avec
About et Sarcey une des colonnes de ce journal,
qui était lui-même, on s'en souvient, au tout premier rang de la presse française par l'étendue de
son influence, comme par la valeur de sa rédaction. Simultanément ou par la suite, Bigot écrivit
aussi dans le *Gagne-Petit* et la *République française*, puis dans les revues les plus diverses. À
la demande d'Eug. Yung, il donna à la *Revue politique et littéraire*, en réponse à la *Question du
latin* de Raoul Frary, cette brillante série d'articles qui forma son excellent livre : *Questions
d'enseignement secondaire*, et il fit dans la même
revue, durant de longues années, le compte-rendu
annuel du Salon. La *Nouvelle Revue*, la *Gazette*

des Beaux-Arts recherchèrent sa collaboration.
La *Revue des Deux-Mondes* publia de lui une
critique du roman naturaliste qui fut une des
premières et des plus vives protestations du bon
sens contre les horreurs et les laideurs voulues
par lesquelles un puissant écrivain, gâtant à
plaisir les plus beaux dons, compromettait le re-
nom du goût français.

En même temps, il donnait des livres dont nous
parlerons tout à l'heure : *Les Classes dirigeantes*
(1875), *La fin de l'anarchie* (1878), surtout cet
admirable *Petit Français* (1883), que l'Académie
française s'est honorée en couronnant.

Viendront ensuite *Raphaël et la Farnésine*
(1884), *Grèce, Turquie, le Danube* (1886), écrit
au retour d'un nouveau voyage en Orient, *De Paris au Niagara* (1887), au retour d'un voyage
aux États-Unis, où il représenta le syndicat de
la presse parisienne à l'inauguration de la statue de la Liberté de Bartholdi, enfin *Peintres
français contemporains* (1888).

Mais, éducateur dans l'âme, ni le journal ni le
livre ne suffisaient encore à son activité. Il eut la
nostalgie de l'enseignement. En 1880, il succéda
à Paul Albert comme professeur de littérature à
l'École militaire de Saint-Cyr. Presque en même

temps, on lui demandait de donner des cours à l'École normale supérieure de Fontenay-aux-Roses, puis à celle de Saint-Cloud. Il mit tout son cœur dans ces enseignements. Ne s'agissait-il pas de faire connaître et aimer le génie de la France d'un côté à nos futurs officiers, de l'autre à l'élite des maîtres et maîtresses destinés à former le personnel enseignant des écoles primaires, c'est-à-dire l'âme de notre peuple! La sincérité cordiale de sa parole lui concilia aussitôt ces auditoires si différents. Nulle rhétorique ; point d'érudition vaine et encombrante. Le patriote, le citoyen libéral, le moraliste laïque parurent en lui sans rien d'étroit ni de sectaire ; il conquit d'emblée la confiance affectueuse des élèves, le respect au moins et l'estime de ceux-là même que leur éducation antérieure fermait en partie à son action.

Ce fut un beau moment dans la vie de Bigot que les années où nous le vîmes mener de front toutes ces tâches, non seulement sans fléchir, mais avec l'ivresse de l'activité utile et joyeuse, aussi complètement à chaque besogne que s'il n'en avait eu qu'une, toujours de loisir pour ses amis, toujours gai, accueillant, hospitalier, jouissant du monde qu'il connaissait mieux que personne,

recherché dans les salons, mais préférant encore
à tout l'intime causerie avec des camarades autour de son heureux foyer. « Nulle part, dit-il
dans l'avant-propos du *Petit Français*, on ne tra-
vaille autant qu'à Paris. » Il en était la preuve
vivante. Hélas ! il le fut aussi de cette vérité dé-
solante que, nulle part, il n'est plus difficile de
garder la mesure dans le travail. Entre les oisifs
qui ne font rien qui vaille et les laborieux qui se
tuent sans s'en apercevoir, il n'y a presque point
de milieu. Et, chose non moins déplorable, il
n'est pas rare que des laborieux même, qui auraient eux aussi des talents, cherchent longtemps
en vain l'emploi de leurs facultés, pendant que
plient sous le faix ceux que la notoriété a tirés de
pair.

Qui pourrait ajouter impunément, aux fatigues
du journalisme quotidien, — les pires de toutes,
— les fatigues de l'enseignement et de la production littéraire (suffisantes à elles seules pour
avoir raison des plus robustes)? Sans parler de
la critique théâtrale, que Bigot avait conservée au
Siècle, et qui, dans des conditions particulièrement excitantes, insidieuses par conséquent,
l'amenait à prendre sur ses heures de repos. Tout
à coup, sa santé parut atteinte. L'avertissement

fut cruel, et malheureusement tardif, le jour où
sa main ne put plus tenir elle-même cette plume
dont il avait si bien usé. Il ne se fit pas d'illusions,
mais il se soigna en conscience, fut étonnant de
sang-froid et de courage dans cette lutte de plusieurs années contre un mal implacable : lutte
d'une belle intelligence, lumineuse jusqu'à la
dernière minute, contre les organes qui lui refu-
saient leur service ; lutte d'un cerveau merveil-
leusement intact contre la révolte des nerfs
surmenés.

Sa maison n'en fut que plus chère à ses amis ;
son commerce n'en était que plus attachant. Il ne
quitta qu'une à une ses occupations, le plus tard
possible, et à mesure que la maladie l'y forçait
alla à Saint-Cyr notamment, aussi longtemps
qu'il put s'y rendre avec le secours dévoué de son
jeune collègue, M. Maurice Albert. Il ne voulait
battre en retraite qu'en bon ordre, et réussissait,
chose à peine croyable, à le faire sans découra-
gement apparent, avec une sérénité presque sou-
riante, qui nous remplissait d'admiration. Personne de nous ne l'entendit jamais se plaindre.
On eût dit que l'affection sans bornes qui veillait
sur lui faisait vraiment ce miracle de lui conser-
ver l'illusion. Elle faisait mieux, elle s'était mise

avec lui à ce niveau où l'on n'a plus besoin d'illusions pour faire bon visage à sa destinée. Elle lui adoucissait les perspectives même que rien ne pouvait lui cacher. M. Alfred Rambaud, dans l'article qu'il a consacré à notre ami (*Revue Bleue* du 22 avril), après avoir mis en relief la grandeur simple d'une telle fin couronnant une vie de travail et d'honneur, termine par cette remarque : « Ce serait une page à ajouter au *Petit Français*, que la vie de Charles Bigot. » Oui. Et quel exemple y trouveraient aussi les jeunes Françaises ! Et quelle réponse à ceux-là (s'il en reste) qui ont peur que la culture de l'esprit ne détruise chez la femme les vertus domestiques ! Sans doute, le cœur suffit à faire des prodiges, et il en est qu'il peut seul faire, et c'est par lui surtout que valent les femmes. Mais comment ne pas faire remarquer que le cœur qui a allégé, partagé plus de cinq ans avec une incomparable abnégation, le martyre de Bigot, était servi par une intelligence d'une culture raffinée, que la main qui écrivait sous la dictée de ce malade a écrit pour son propre compte des livres distingués, et qu'enfin ces conditions mêmes ont seules rendu possible cette touchante collaboration qui a été plus qu'une consolation pour notre

ami, qui lui a permis de travailler avec joie jusqu'à son dernier souffle ?

Charles Bigot fut un caractère. Comme il arrive
aux hommes qui sont des caractères, surtout
quand ils donnent à la presse et à l'enseignement
le meilleur de leur activité, l'œuvre qu'il laisse ne
donne qu'une idée très incomplète de celle qu'il
a réellement accomplie. Ce serait donc lui faire
tort que de nous attacher à ses ouvrages sans
avoir d'abord insisté sur ce qu'il fut comme
homme et comme journaliste.

Honnête homme dans toute la force du terme,
il fut tout particulièrement un homme vrai. Il
avait horreur de toute dissimulation, de tout
mensonge, même des menues complaisances de
langage qu'autorisent communément et qu'exi-
gent presque nos habitudes sociales. Cela lui
faisait une physionomie très particulière comme
homme du monde, d'autant plus qu'il était d'une
courtoisie parfaite à sa manière, ayant cette poli-
tesse rare qui est faite de sympathie vraie et de
bienveillance. Mais ses sympathies n'étaient point
banales. Il ne pardonnait pas volontiers aux
autres les petites lâchetés, les excès de sou-
plesse, les grâces intéressées dont il eût rougi

pour lui-même. Le calcul et l'intrigue le trouvaient sans pitié. Son franc-parler lui était si cher
que, plutôt que de paraître l'abdiquer, il aimait
mieux forcer l'expression de sa pensée, au risque
de se faire méconnaître de ceux qui ne le con-
naissaient pas encore. Le plus tolérant des
hommes et le plus doux, le plus foncièrement
libéral, put ainsi quelquefois sembler violent en
ses opinions, de peur de manquer à ce qu'il leur
devait. Courage rare, dont personne que je sache
ne lui tint jamais rigueur, mais qui, au contraire,
imposait l'estime à tout le monde et lui fit des
amis de gens d'abord prévenus.

Et il soutenait ses amis comme ses opinions.
Il n'y avait qu'une chose qu'il leur préférât : la
vérité. Devant elle, ou ce qu'il prit pour elle avec
une bonne foi que personne n'a jamais suspectée,
il fit toujours céder toutes les considérations d'un
autre ordre, naturellement, par une pente irrésistible de sa nature, sans penser qu'il pût y avoir
une ombre de mérite à cela. Ce trait de son
caractère est deux fois remarquable chez un
journaliste, dans un temps où l'on sait le rôle
scandaleux de la réclame, la part des complaisances et des camaraderies dans la fabrication des
renommées que la presse fait et défait d'un jour

à l'autre. Lui, dans les vingt-deux ans qu'il tint
la plume, n'en a pas laissé échapper une ligne qui
ne fût l'expression toute pure de sa pensée. Ce
critique d'art, qui connaissait familièrement tant
d'artistes, ce critique littéraire qui avait pour
amis la moitié des écrivains de son temps, n'a
pas cédé une seule fois à la tentation de forcer
l'éloge d'une œuvre par amitié pour son auteur.
C'est bien plutôt de la tentation inverse qu'il avait
à se défendre. Son mépris des petites chapelles et
sa crainte de donner dans de plates complaisances
ont dû l'empêcher bien des fois de louer aussi
chaudement qu'il eût aimé à le faire. Il aurait été,
j'en suis sûr, de ces examinateurs qui, non con-
tents de ne tenir aucun compte des recomman-
dations qu'ils reçoivent, en savent très mauvais
gré aux candidats qui en sont l'objet. Quand je
le connaissais encore peu, il m'est arrivé d'appe-
ler son attention sur une œuvre qui la méritait à
tous égards, la restauration architecturale d'un
temple grec, exposée alors au salon pour la première fois, mais consacrée depuis par le jugement
unanime des artistes et des archéologues. Tout ce
qu'il put faire pour l'auteur et pour moi fut de
n'en point parler. J'ai souvent pensé depuis qu'il
n'avait sans doute pas même voulu voir cet ou-

vrage, dont il eût été fâché d'avoir à dire du mal,
et dont il ne pouvait plus dire de bien, dès que
j'avais fait la faute de le lui recommander.

Bien entendu, son indépendance n'était pas
moindre ni moins ombrageuse en politique. On
sent quelle force est pour une cause un homme
de cette fière probité, armé d'un talent d'écrivain.
Non seulement il fut toujours d'un désintéressement absolu, ne demandant, n'attendant rien
pour lui-même, mais sa manière était essentiel-
lement large et haute. Jamais une personnalité,
jamais un petit sentiment. Sa prose, naturellement sereine, s'anime sous le souffle de l'idée,
mais demeure toujours l'organe du bon sens
public et de la plus droite raison. Si elle s'exalte
à l'occasion, ce n'est jamais que pour la France
ou pour la liberté ; si elle s'irrite parfois, c'est
seulement contre ce qui menace l'une ou l'autre.
On a dit en toute justice qu'il avait honoré le
journalisme français. Ce n'est pas ici une for-
mule banale : peu d'hommes auront autant fait
que lui pour placer très haut dans l'estime publique une profession qui, pratiquée de la sorte,
n'est que l'exercice constant de l'activité civique.

Tout passe si vite, qu'avant peu on aura presque
oublié les luttes qu'eut à soutenir la presse libé-

rale de 1871 à 1879 pour assurer le triomphe de
la République. Ceux qui s'en souviennent savent
que ce ne fut pas une petite besogne, et quel service ont rendu les écrivains qui, comme Bigot,
ont été sans cesse sur la brèche durant cette pé-
riode héroïque. S'il leur arrivait d'être agressifs
en apparence, s'il était plus naturel, par exemple,
à l'esprit d'About de porter des coups que d'en
recevoir; personne en réalité ne s'y trompait :
leur modération égalait leur verve. Ils défen-
daient simplement contre toutes les réactions
coalisées la liberté, contre un réveil inouï de
l'esprit théocratique l'héritage de la Révolution
française. Nous leur devons, pour une part qu'il
serait difficile d'exagérer, d'être restés une grande
nation libre et toute laïque, ne relevant que de
la raison, n'attendant son salut que de sa sagesse,
et ses progrès que de ses propres efforts vers
plus de lumière et de justice. Eux-mêmes, il est
vrai, n'étaient en cela que les interprètes de l'esprit français : mais cet esprit s'est incarné en eux
à ce moment, a pris par eux pleine conscience
de lui-même. Ils ont commencé l'œuvre de son
éducation politique.

Parmi les hommes d'action qui s'attachèrent
dès lors à l'éducation de la démocratie, Bigot,

sans contredit, fut un de ceux qui d'emblée eurent de cette grande œuvre l'idée la plus large et
la plus nette. C'est qu'il était peut-être le plus
philosophe. Philosophe dans sa vie au point que
nous venons de voir, il ne le fut pas moins dans
ses écrits. Les pages exquises ou fortes de philosophie morale et politique abondent dans ses ouvrages, où peut-être on les aurait plus remar-
quées, s'il les avait condensées davantage. Le
malheur de ces ouvrages est d'avoir été pour la
plupart des écrits de circonstance : loin des circonstances qui les ont fait naître, on ne songe
pas à les relire. Que de choses pourtant y sont
d'une valeur durable et absolue !

Ainsi, les *Classes dirigeantes* ont paru dans
un temps où la question qu'il y traite était sans
doute plus actuelle qu'aujourd'hui, parce que
tous les esprits éclairés se demandaient encore
alors avec une inquiétude patriotique si l'aveu-
glement était irrémédiable par lequel les membres de notre société qu'on eût pu croire, et
qui se croyaient eux-mêmes, faits pour la diriger
dans son évolution, se montraient de plus en plus
incapables de la conduire, et, en se faisant une
loi de la combattre en toutes ses tendances, se
mettaient à plaisir hors d'état d'exercer sur elle

une action. Le mal étant aujourd'hui à peu près
consommé, comme Bigot, d'ailleurs, l'avait
prévu, il a bien fallu en prendre notre parti ; et
nous avons cessé peu à peu de nous étonner de
ce qui a été si longtemps un objet d'angoisse
pour nous, de stupéfaction pour l'étranger. Notre
démocratie a fait voir tant de ressort, déployé
tant de ressources, montré tant d'aptitude à tirer
d'elle-même, presque sans préparation, les guides
qu'il lui fallait, que tout le monde a pris confiance
en ses destinées, même les anciens prophètes de
malheur : beaucoup ne demandent plus qu'à lui
offrir leurs services, depuis qu'ils ont vu qu'elle
s'en passait. Gardons-nous cependant de nous
faire illusion et de nous croire au bout de nos
peines. En mettant tout au mieux, si rapidement
que le pays arrive à recueillir tous les fruits de
ce qu'il a fait en vue de sa propre éducation, des
générations seront nécessaires avant qu'il ait
réparé les pertes qu'il a subies par l'abdication
presque totale des classes jusque-là en possession de la fortune, de l'élégance et du crédit. Que
dis-je, abdication ? Nos anciennes classes dirigeantes n'ont pas seulement refusé de conduire
le mouvement, elles ont tout fait pour le refou-
ler ; de sorte que ce n'est pas sans elles seule-

ment que la démocratie a dû s'organiser, c'est
contre elles. C'est merveille, dans ces conditions,
qu'elle ait si bien trouvé sa voie, et si sagement
gardé la mesure. Elle l'a dû à l'élite de ses enfants, parmi lesquels Bigot fut des meilleurs. Une
culture supérieure les rendait autrement prêts
pour cette fonction directrice que ceux qui pré-
tendaient l'exercer contre la volonté de la France,
par droit d'héritage ou par droit divin. Mais un
des grands services que le livre de Bigot rendit
fut précisément d'analyser la situation avec une
netteté de coup d'œil et une franchise absolues,
en montrant ce qu'elle avait de hasardeux pour
notre pays au milieu de l'Europe hostile. L'avertissement n'a pas été perdu, car on peut croire
qu'il a contribué à faire réfléchir tels membres
des anciens partis qui ont rallié enfin le drapeau.
Il n'en garde pas moins sa valeur, non historique
seulement, mais pratique : il vaudra aussi longtemps que la nation entière n'aura pas fini l'ap-
prentissage de la responsabilité, acquis le discer-
nement et recouvré le respect des vraies supério-
rités ; aussi longtemps, à vrai dire, qu'elle ne
pourra pas sans danger être divisée contre elle-
même.

La *Fin de l'Anarchie*, encore plus, est avant

tout une page d'histoire. C'est le résumé des
luttes politiques de 1871 à 1878. On n'a rien écrit
de mieux à la louange de Thiers et de Gambetta.
L'auteur adjure les honnêtes gens encore défiants
à l'égard de la République de venir à elle comme
au seul gouvernement en harmonie avec les vœux
et les besoins de la nation, au seul capable désor-
mais de faire régner la paix publique et d'aplanir
les difficultés sociales. Ce livre non plus n'a pas
vieilli autant que Bigot l'eût souhaité. S'il a sans
doute pour sa part « hâté la venue du jour où il
pourra être oublié sans inconvénient, ayant cessé
d'être utile », ce jour, hélas ! n'est pas encore
venu. Les chapitres sur « les résistances des
mœurs » et sur « les préjugés sociaux » sont-ils
moins actuels aujourd'hui qu'ils ne l'étaient il y a
quinze ans ? Le « Programme de la République »,
tracé dans le beau chapitre final, devrait toujours
être présent à tous les esprits. Constituer la démocratie et refaire l'âme de la France, telle est la
mission de la République. Après avoir dit claire-
ment, et dans une langue excellente, ce qu'il faut
faire pour cela, Bigot se représente, rayonnant
enfin sur la France, la démocratie telle qu'il la
conçoit. « Je vois dans un prochain avenir non
plus une minorité seulement en possession de

l'instruction et de la fortune, mais une race tout
entière s'épanouissant fière et libre, développant
son génie sous toutes les formes... Quel grand et
magnifique spectacle ! Quel peuple pourrait montrer avec orgueil une telle pléiade de savants,
de philosophes, de poètes, d'artistes ? Quel pays
serait plus prospère et plus riche... offrirait au
monde la vue d'institutions plus nobles, d'un
ordre social plus juste ? Quel pays serait plus
grand dans l'histoire ? Où la dignité humaine se-
rait-elle plus haute ? Où ferait-il meilleur vivre ?
Et quelle patrie aussi mériterait d'être plus aimée
de ses enfants ? Avec quelle joie travailleraient-
ils à l'illustrer ? Avec quelle ardeur seraient-ils
prêts à la défendre, à verser leur sang pour
elle ?... Je cherche, et je ne trouve qu'un orateur
capable d'exprimer dignement un tel patriotisme :
Périclès prononçant le panégyrique d'Athènes
sur la tombe des soldats morts pour la patrie. »

Dans ce même « Programme » se trouvent des
pages qui sont peut-être les meilleures que Bigot
ait écrites, et certainement les meilleures qu'on
puisse écrire sur le rôle de l'école dans une démocratie. Il y esquissait des réformes qui, pour
la plupart, ont été faites depuis. Il marquait surtout le but avec une rare ampleur de vues, indi-

quant à larges traits, de la salle d'asile à l'Université, la hiérarchie des institutions par lesquelles notre société devait mettre en valeur toutes ses ressources, susciter de son sein « tous les talents, toutes les nobles ambitions, toutes les bonnes volontés vaillantes », et de plus en plus « mettre chacun à sa place, selon ses aptitudes, son énergie et sa valeur ». Les *Questions d'enseignement secondaire* sont déjà posées là, et presque plus hardiment qu'il ne les traitera dans la suite, quand son camarade Frary, dépassant le but par sa *Question du latin*, l'aura alarmé sur l'avenir des vieilles études classiques, dont il voulait la réforme, mais non la mort. Mais le point essentiel, pour lui, c'était dès lors, ce fut toujours, que l'éducation nationale fût une, du haut en bas, non coupée en deux par un fossé : que l'enfant du peuple ne fût pas voué *a priori* à un minimum d'instruction sans nulle vertu éducative, pendant qu'un petit nombre de privilégiés, seuls destinés à s'instruire vraiment et à s'élever, aborderaient trop tôt comme à dessein et feraient durer comme à plaisir, sans fruit proportionné, une culture inutilement archaïque. L'enseignement secondaire, relié avant tout à l'enseignement primaire de manière à lui faire

suite, devait être vivifié dans ses méthodes quant
à sa partie traditionnelle, et diversifié d'autre
part, rajeuni pour mieux répondre aux besoins
que la culture gréco-latine laisse en souffrance.
Mais surtout il fallait que l'affranchissement intellectuel des petits fût une réalité, que la véritable égalité fût fondée, autant qu'elle est de ce
monde, que, sous la blouse et sous l'habit,
l'homme intérieur fût le même autant que possible, que tous les Français enfin eussent une
même âme.

C'est parce que telle était la philosophie politique de Bigot et tel son patriotisme, que le
Petit Français est son chef-d'œuvre. Ce critique
était au fond une nature religieuse. J'étonnerai
peut-être quelqu'un en le disant, mais je ne di-
rais pas toute ma pensée si je ne disais qu'il a
cru à l'honneur, au bien, à la patrie surtout,
d'une foi proprement religieuse. « Le péril de la
civilisation, c'est l'effacement de l'idée de patrie...
Il faut aimer la patrie avant l'humanité, plus que
l'humanité... surtout quand cette patrie est la
France. » Resserrer, fortifier la solidarité de tous
les enfants de la France, ce fut son inspiration
dominante. Le 14 juillet 1882, jour de la Fête nationale, elle s'empara de lui pour ainsi dire, et l

commença à écrire dans un moment de véritable
enthousiasme ce petit livre destiné à expliquer
aux petits Français ce que c'est que la patrie, ce
que c'est que leur patrie, la France. Depuis la
dédicace : *A la mémoire de tous les Français
morts pour la patrie pendant la guerre de 1870-
1871 et à tous ceux qui ont combattu alors pour
la France*, jusqu'aux dernières phrases qui parlent d'espérance et commentent, en l'appliquant
à la France entière, la devise de la ville de Paris :
Fluctuat, nec mergitur, le livre est emporté d'un
même souffle. Je défie qu'en le lisant on ne se sente
pas gagné par le sentiment qui l'a dicté. Il n'y
a rien, à ma connaissance, d'aussi entraînant,
d'aussi chaud ni d'une aussi belle venue dans tout
ce qu'on a écrit pour nos écoles. Quelques pages,
il est vrai, sont d'un patriotisme si vibrant, d'un
accent si douloureux, qu'on les a trouvées un
peu agressives. Moi-même, s'il m'en souvient
bien, pénétré comme je le suis du devoir que
nous avons tous de semer par l'éducation le
moins possible de germes de haine, le plus possible de germes de paix, je crois lui avoir fait part
d'un scrupule de ce genre à la première lecture
de certains passages. Mais il ne faut, pour retirer
ce reproche, que voir l'ensemble de l'ouvrage et

se remettre dans le mouvement de la pensée. La pensée est partout d'une élévation irréprochable. Point de chauvinisme indigne du pur génie français : nulle idée de représailles qui ne soit subordonnée à l'idée du droit. Quand l'auteur parle à son petit Français de ces futurs combats où il veut qu'il soit prêt à donner joyeusement sa vie, il a bien soin de lui dire : « La cause pour laquelle tu combattras sera celle de la justice ; et cela aussi est une force. » Aucun maître français, en cultivant l'esprit militaire dans la jeunesse, ne se place dans une autre hypothèse ni n'obéit à un autre sentiment.

Avec tout cela, Bigot n'a pas donné sa mesure comme écrivain. Les conditions hâtives dans lesquelles il a presque toujours écrit, jointes à cette facilité qui le faisait produire sans effort, ont fait qu'il s'est prodigué au jour le jour, sans se résumer dans une œuvre achevée. Il a jeté des trésors en excellente monnaie, sans prendre le temps de frapper des médailles.

Je me trompe : il laisse un ouvrage inédit, qu'on ne peut manquer de nous donner et qui, médité à loisir, écrit avec amour, traitant d'ailleurs d'un sujet dont l'intérêt est éternel, sera, je crois, de nature à faire vivre son nom. C'est un essai sur *le Monde*, une sorte de philosophie des relations sociales, entremêlée de portraits à la manière de La Bruyère. J'ai dû à l'amitié de Charles Bigot d'avoir la primeur de cet ouvrage, qui devait être dans sa pensée une thèse de doctorat, et qui fut en effet admis comme tel. J'en ai gardé un vif souvenir ; et je m'y suis reporté plus d'une fois en pensée, notamment pour expliquer certains passages des *Caractères*, au livre *de la Société et de la Conversation*. On y trouvera, je crois, avec toutes les qualités littéraires que nous venons de rappeler, celles qu'on a pu croire qui manquaient à Bigot, la sobriété, le trait, le mordant. A moins qu'il ne soit vrai, comme on le dit, qu'il n'y a plus de lecteurs pour les livres sérieux, même charmants, celui-là consacrera la renommée de Charles Bigot, en montrant décidément, j'en suis sûr, que le galant homme et l'homme d'action que tout le monde salue en lui était aussi, dans toute l'acception du terme, un moraliste.

Henri MARION.

M. ALFRED RAMBAUD

Quand j'entrai à l'École normale, en novembre 1861, je remarquai tout de suite, parmi les nouveaux camarades, un grand garçon au teint clair et frais, avec une barbe naissante, des cheveux d'un blond très clair, de grands yeux bleus, l'air très doux, à la fois sérieux et gai. Il était d'une année plus ancien que moi dans la maison : cela faisait de moi son conscrit. Il s'établit entre nous une de ces intimités d'école, plus tenaces que celles du collège, parce qu'elles ne procèdent pas du hasard, mais d'une sélection, et qui sont irremplaçables, car, dût-on vivre cent ans, on ne refait plus de ces amitiés-là. C'est une floraison qui ne se produit qu'aux environs de la vingtième année.

L'éducation qu'on recevait des maîtres n'était rien en comparaison de celle qui se donnait entre camarades, dans ce régime de demi-claustration, qui était alors celui de l'École. On finissait par n'avoir rien de caché les uns pour les autres.

dans l'esprit, dans le caractère, dans le cœur. Les événements du dehors, qui nous faisaient abandonner un moment les classiques et nous ruer sur les colonnes de l'*Officiel*, — le seul journal qui fût admis à l'École, — c'étaient en ces années-là : hors de France, la guerre de la Sécession, l'expédition du Mexique, l'insurrection polonaise, la guerre des duchés de l'Elbe ; au dedans, l'opposition grandissante contre l'Empire, les luttes des Cinq contre la majorité du Corps législatif. Comme événements littéraires, l'apparition des *Misérables*, alors débités en nombreux volumes, dont chacun apportait une révolution dans les salles d'études ; et c'étaient le *Capitaine Fracasse*, et *Salammbô*, et les *Fleurs du mal*. Entre temps, nous découvrimes que Victor Hugo avait écrit *les Châtiments*. Parfois, le soir des jours de sortie, il manquait à l'appel quelques-uns de nos camarades : ils s'étaient fait ramasser à la suite de quelque manifestation en faveur de la Pologne, après un cours de Saint-Marc-Girardin ou une conférence du Père Gratry. Les élections de 1863 nous furent aussi une forte diversion : on enviait ceux d'entre nous, — assez rares, — qui étaient électeurs.

De ces jours-là Charles Bigot a toujours con-

servé le plus vif souvenir. Il y a quelques années,
il écrivait à l'un de nous : « Avec quel intérêt
nous suivions les péripéties de cette lutte entre
les États du Nord et du Sud... tu t'en souviens
comme moi. Toutes nos sympathies, tous nos
vœux étaient pour le Nord, qui défendait l'intégrité de l'Union américaine, qui combattait pour
cette cause sainte : l'abolition de l'esclavage...
Avec quel respect nous prononcions le nom de
Lincoln ! » Dans ce fragment d'autobiographie,
on trouve déjà Bigot, tel qu'il a toujours été.
D'abord la probité politique : d'instinct, il courait
à la cause qui lui semblait celle de la justice et
de la liberté. Et puis cette sympathie pour la
grande démocratie américaine : il était, sous
l'Empire, républicain.

Les jours de la vie en commun s'écoulèrent
vite. Charles Bigot alla passer trois ans à l'École
d'Athènes, sans parler des étapes à la villa Mé-
dicis. L'École d'Athènes a été créée pour donner
à la France des archéologues, et, de fait, elle lui en
donne ; mais elle lui renvoie aussi des littérateurs,
témoin About. Charles Bigot y a fait son éducation
artistique. A Rome et à Athènes, entre les élèves
archéologues et les futurs peintres, statuaires,
architectes, graveurs, se forment des amitiés. De

là une autre éducation mutuelle, qui imprègne d'art les lettrés et de littérature les artistes.

Aujourd'hui, quand l'École d'Athènes lui renvoie des archéologues, l'Université de France les emploie dans ses enseignements archéologiques. Sous l'Empire, il n'en était pas de même ; on les expédiait dans quelque lycée. Charles Bigot fut successivement professeur de rhétorique à Cahors et à Nevers. De plus, il y avait antinomie entre le régime de cette époque et l'éducation libérale qu'on s'était donnée, entre soi, à l'École normale. Jeunes professeurs, d'une part, proviseurs et inspecteurs généraux, de l'autre, ne s'entendaient pas du tout. Et puis l'exemple de nos anciens des « grandes promotions », des About, des Prévost-Paradol, des Sarcey, hantait les imaginations. Or, écrire dans la presse et rester professeur, c'étaient alors, — à la différence de ce qui se passe aujourd'hui, — choses incompatibles. Dans les premières années de la République, cette situation resta sensiblement ce qu'elle avait été sous l'Empire. Charles Bigot professait alors au lycée de Nimes : un désaccord survint entre son proviseur et lui sur l'appréciation qu'on pouvait faire du procès de Louis XVI. L'évêché s'en mêla. Bigot donna sa démission.

Il avait débuté dans *le Gard républicain*. Il continua par *la Gironde*, par *le Siècle*, par *le XIXᵉ Siècle*, où il se perfectionna sous la sévère direction d'About, par *la République française*. M. Paul Strauss disait hier, au nom de l'Association des journalistes républicains, combien Charles Bigot avait honoré la profession. Elle l'honora aussi, car, en 1886, le syndicat de la presse parisienne le chargea de la représenter à cette fête fraternelle des deux grandes Républiques, l'inauguration du colosse de Bartholdi à New-York.

Il combattit le bon combat dans ces luttes du 24 mai et du 16 mai, qui furent l'âge héroïque de la troisième République. Mais l'article quotidien ne suffisait pas à cet esprit très philosophique, qui aimait les larges horizons, se plaisait à rechercher l'enchaînement des causes et des effets, et qui, dans la poussière des menus faits et des polémiques courantes, voyait si nettement les grandes lois qui dominent les sociétés, les forces morales qui mènent l'homme tandis qu'il s'agite, *numina magna deum*. En 1875, il publia son livre sur *les Classes dirigeantes* (1). C'est une sérieuse étude, qui doit prendre place à côté de

---

(1) Nouvelle édition en 1881. — Paris, Charpentier.

la France nouvelle de Prévost-Paradol. Ce livre, les événements ne l'ont point aboli : tout ce qu'il dit des partis et de leur responsabilité, du clergé, de la magistrature, de la presse, des défauts et des ressources que présente le caractère national, du rôle des femmes dans notre France, tout cela subsiste. Le livre pourrait vraiment s'intituler : la Psychologie de la France. Rien d'un pamphlet : un esprit de large et courageuse équité. Il se plaît à louer la pureté de mœurs de notre clergé français, la probité et l'intégrité de notre magistrature, cette justice qui « en France n'est à acheter pour personne ». L'impartialité de l'auteur n'en donne que plus de poids à ses critiques quand il montre, par exemple, comment le clergé a dû perdre la direction du mouvement social et intellectuel de la France. A la presse il ne ménage pas les critiques : chez beaucoup, mauvaise foi, vénalité ; chez un plus grand nombre, ignorance, légèreté. Puisque les forces directrices manquent au peuple français, il faut donc qu'il apprenne à se diriger lui-même. De là, nécessité d'une éducation nationale. Depuis l'apparition de ce livre se sont produites les grandes créations scolaires ; des myriades d'écoles se sont fondées ; les lycées de filles sont nés ; on ne peut plus dire aujourd'hui que nous n'avons presque pas en France d'enseignement supérieur et que « c'est la jeunesse qui manque à nos facultés de lettres et de sciences ». Cela prouve seulement que les efforts de Charles Bigot et de ses émules ont atteint le résultat souhaité ; c'est lui-même qui a réussi à faire vieillir ces quelques pages ; elles ont vieilli comme l'obus qui a fait son trou.

En 1878 parut *la Fin de l'anarchie* (1). La coalition des partis hostiles à la République venait d'éprouver sa deuxième grande défaite ; une éclaircie se faisait sur les destinées jusqu'alors encore obscures de la France. Il y a là d'admirables pages sur ce qu'est la patrie : « ... La patrie qu'il faut aimer avant l'humanité, plus que l'humanité. » La patrie française, on doit l'aimer parce que « s'il y a eu dans le monde des nations plus sages, plus heureuses, il n'en a point été, depuis l'Athènes de Milliade, de Périclès, de Démosthènes, qu'aient animée de plus nobles ambitions, qu'ait fait vivre un plus haut idéal, qui ait été plus généreuse et plus utile au monde ».

Cet amour raisonné de la patrie française, avec le *pourquoi* du dévouement et des sacrifices que

(1) Paris, Charpentier.

nous lui devons. Bigot entendait le faire pénétrer
dans les couches profondes de la nation. Vers
cette époque il a écrit, à l'usage des enfants assis
sur les bancs de l'école primaire, — à l'usage
aussi de leurs maîtres, — un merveilleux petit
livre intitulé *le Petit Français* (1). Il est dédié
« à la mémoire de tous les Français morts pour
la patrie pendant la guerre de 1870-71 et à tous
ceux qui ont combattu alors pour la France ». Il
commence par ces mots : « Petit Français, mon
jeune ami, mon frère cadet, écoute-moi : je viens
te parler de ce qu'il y a au monde de plus grand
et de plus sacré : la Patrie. » Depuis lors, il a paru
bien des livres sur la morale civique : on n'a rien
écrit de plus passionnant et de plus précis.

Je ne puis que signaler *les Peintres français
contemporains* (2), un choix d'articles de critiques dont les lecteurs de la *Revue bleue* ont
gardé le souvenir. On pourrait lui donner un pendant en réunissant la fleur des soirées théâtrales
que Charles Bigot a données au *Siècle*. Dans les
unes comme dans les autres, on constaterait le
complet épanouissement de ses facultés esthé-

(1 Paris, Weil et Maurice, 1883.
2 Paris, Hachette.

tiques, s'appliquant à toutes les branches de l'art, et qu'ont éveillées en lui les muettes contemplations devant les chefs-d'œuvre de l'antiquité, au pied de cette Acropole « d'où nous est venu » tout ce que nous aimons, vrai Sinaï de l'humanité (1) ».

Cet Orient grec, berceau de la civilisation humaine, cette Athènes où Charles Bigot avait passé les plus belles années de sa jeunesse, il a voulu les revoir longtemps après. Puis, comme contraste à ce pays d'activité sobre, de nonchalance presque asiatique, un peu opprimé par l'éclat de son passé, il nous a montré la dévorante fougue de production, la croissance démesurément rapide, la création de toutes pièces sur une table rase, « le bouillonnement désordonné parfois et tumultueux, mais grandiose, d'une race pleine de sève ». Après la petite et mignonne Grèce, la colossale Amérique (2). Et dans ces tableaux si dissemblables on retrouve les mêmes qualités d'observation pénétrante et sagace, de consciencieuse analyse et de variété pittoresque.

Moraliste, philosophe, ardent polémiste, fin

---

(1) *Grèce, Turquie, le Danube*. p. 110. — Paris, Ollendorf, 1886.

(2) *De Paris au Niagara*. — Paris, Dupret, 1887.

critique d'art, voyageur à l'esprit éveillé et à l'œil bien ouvert, avec tout cela il était resté un fils de l'*Alma Mater*. Du dehors, mieux que nous ne le pouvions faire au dedans, il suivait les réformes qui s'accomplissaient dans l'Université. En 1885 paraissait le livre de notre camarade Raoul Frary, *la Question du latin*. La conclusion était qu'il fallait « délivrer les générations nouvelles du fardeau des langues mortes ». Charles Bigot s'était borné à demander ce qui s'est réalisé depuis : à côté de l'enseignement classique, la création d'un enseignement pour les classes moyennes, d'un enseignement *français* (celui qu'on appelle aujourd'hui *moderne*). Il répondit à Frary d'abord dans la *Revue bleue*, puis dans un livre, *Questions d'enseignement secondaire* (1) : « J'avais craint plus d'une fois de passer pour un révolutionnaire... Mon vieux camarade s'est chargé de me prouver, et je l'en remercie, que je n'étais qu'un conservateur. » On voit d'ici le développement. Notons les pages relatives à l'éducation physique : « L'équilibre des nerfs et des muscles peut seul assurer à l'intelligence le commandement de l'être humain. C'est l'appauvrissement

(1) Paris, Hachette, 1886.

du sang, c'est le trouble des nerfs qui font aujourd'hui chez nous tant de violents, tant d'affolés
d'une part, et de l'autre tant d'indifférents et d'ir-
résolus. »

Lui qui restait dans l'âme un professeur, avec
le regret de ne plus l'être effectivement, il put le
redevenir. D'abord dans cet enseignement des
filles, qu'il avait contribué à faire créer : il fut
professeur aux écoles normales supérieures de
Sèvres (enseignement secondaire) et de Fontenay
(enseignement primaire) (1). En 1880, le ministre
de la guerre lui avait confié le cours de littérature à l'École de Saint-Cyr. Deux auditoires bien
particuliers, deux élites : ici de futures maîtresses
de lycées et d'écoles normales : là de futurs officiers. C'étaient deux enseignements à créer, avec
les méthodes à inventer. Pour l'un et pour l'autre,
on ne pouvait faire un meilleur choix que Charles
Bigot : il fallait non seulement des connaissances
vastes et variées, mais les dons d'un philosophe
et d'un psychologue. Il sut intéresser, passionner
les jeunes filles comme les jeunes militaires. Il se
révéla un merveilleux professeur, de science iné-

(1) Et aussi à Saint-Cloud. École normale supérieure d'instituteurs.

puisable, d'un art consommé dans l'exposition,
élégant dans l'improvisation.

Mais quelle vie occupée ! Il avait assumé ses
charges nouvelles sans renoncer aux journaux,
aux revues, aux livres. Après une soirée passée
à une *première* et la rédaction du compte rendu
pour *le Siècle* du lendemain, il lui fallait être sur
pied, à six heures du matin, pour prendre le train
de Saint-Cyr.

Déjà il était atteint dans les facultés locomo-
trices. Dans cette vie si active, il lui fallait, pour
le moindre déplacement, l'appui d'un bras ami.
Peu à peu le mal faisait son œuvre ; depuis dix
ans, Charles Bigot sentait ses forces diminuer. Il
lui devint presque impossible de sortir de chez
lui. Cela n'était rien à sa vivacité d'esprit. La maladie n'allait pas sans de cruelles souffrances : il
les supportait avec la sérénité d'un sage. Il trou-
vait que tout était bien, puisque la faculté de penser et de communiquer ses pensées ne lui était
point ravie. On sait quel dévouement fidèle et
tendre l'empêcha de trop souffrir de cette défec-
tion de forces physiques, prit de ses doigts trem-
blants la plume, mit la plus belle intelligence au
service de la sienne, lui fit de sa jeunesse une jeunesse nouvelle.

Ce dévouement fit plus : Charles Bigot ne se
sentit jamais malheureux. Parmi ses camarades
des cinq promotions avec lesquels il s'était trouvé
en contact à l'École, les uns étaient entrés à la
Sorbonne ou dans les Facultés de province;
d'autres étaient devenus recteurs, inspecteurs
généraux de l'Université, directeurs au ministère,
sénateurs, députés, membres de l'Institut. Tous
avaient eu la vie relativement plus unie, plus facile. Jamais il ne songea à les envier : leurs succès le rendaient joyeux. Il a écrit une thèse pour
la Sorbonne, et cette thèse lui eût valu une
chaire : il n'en vint jamais à la soutenance. A un
certain moment, quelques-uns de ses camarades
s'émurent de le voir poursuivre, en ce décroisse-
ment de ses forces, la rude et hasardeuse vie du
publiciste. Sur leurs instances, M. Lockroy, alors
ministre, offrit à Charles Bigot une des plus hautes
fonctions de l'administration des Beaux-Arts. Il
fut reconnaissant au ministre et aux amis de la
bonne intention ; mais, lui qui avait écrit tant de
belles pages sur l'esthétique, il refusa : « Je ne
suis pas assez valide, répondait-il ; quand on accepte une fonction, il faut, pour la bien remplir,
disposer de toutes ses forces... Et si ce doit être
une sinécure, je suis pour cela trop valide. » On

insista, mais on ne put le vaincre. Il continua à peiner, professant tant qu'il garda sa voix, écrivant tant qu'il put faire passer dans des lignes imprimées la vigueur intacte de sa pensée. Comprenez-vous maintenant ce que voulait dire hier M. Strauss : « La dignité de la vie, la modestie du caractère, la haute probité intellectuelle et morale ? »

Ce que l'on ne peut dire dans un article de revue, ce que ses amis doivent garder comme de chers souvenirs, c'est la vivacité et la fidélité de ses affections, c'est le charme de ce foyer qui ne pouvait plus admettre que les vieilles intimités, c'est la gaieté et presque la pétulance de ce malade entre deux accès douloureux, c'est la jeunesse d'âme sous la couronne prématurée de cheveux blancs, c'est une sérénité imposante dans la conscience lucide de cette destruction lente, mais inéluctable de l'être physique. Jusqu'au dernier souffle, il a honoré l'Université, la presse, tous ceux qui peuvent le revendiquer comme un des leurs. Il a honoré la patrie française, et, pour la faire davantage aimer et respecter de ses enfants, ce serait une page à ajouter au *Petit Français* que la vie de Charles Bigot.

Alfred RAMBAUD.

UNE ANCIENNE ÉLÈVE
DE FONTENAY

Monsieur le directeur,

M. Rambaud, dans un remarquable article consacré à la mémoire de son ami Charles Bigot, a fait, en termes touchants, l'éloge du journaliste et de l'écrivain. Il rappelle aussi le professeur qui « sut intéresser et passionner » ses élèves de Fontenay ; une d'entre elles, si vous le permettez, voudrait ici rendre hommage à celui qui fut pour nous un maître si apprécié, et un grand exemple de dévouement.

C'était jour de fête quand il venait à l'École ; on se pressait pour l'entendre. Je le vois encore gravissant la chaire avec lenteur, courbé, quoique bien jeune, par une terrible maladie ; mais une fois assis, et promenant son clair regard sur tout cet auditoire prêt à recueillir ses moindres paroles, ses yeux s'animaient, sa bouche savait

5

sourire, et il nous tenait sous le charme d'une parole simple, pittoresque, ironique parfois, toujours éloquente. Au lieu de prendre des notes, nous nous laissions aller au plaisir de l'entendre et de lire sur sa physionomie si ouverte tout l'intérêt qu'il prenait à sa tâche ! Il l'a poursuivie jusqu'au bout, et par là a mérité de nous servir d'exemple. Toute sa vie a été consacrée au bien, à l'éducation des jeunes : son œuvre lui survivra.

Un de ceux qui ont eu le privilège d'entretenir avec lui un commerce plus intime, M. Pécaut, le directeur de Fontenay, a appris sa mort alors qu'il était en tournée d'inspection générale. En nous annonçant la triste nouvelle, il nous disait : « Parlez à vos élèves de M. Charles Bigot, l'un des fondateurs de notre enseignement laïque, un des meilleurs parmi les bons. »

Nous en parlerons à nos élèves, et le nom de l'auteur du *Petit Français* sera aimé parmi nous.

Veuillez agréer, etc.

Une ancienne élève de Fontenay.

M. HENRI CASTETS

Les hommes de talent abondent ; mais ceux qui joignent à l'éclat de l'intelligence la dignité de la vie, le désintéressement, la modestie, une haute probité morale, forment une légion peu nombreuse, qui constitue la véritable légion d'honneur de l'humanité. C'est à ce groupe d'élite qu'appartenait M. Charles Bigot. Dans la *Revue encyclopédique* (1893, col. 465), nous avons rapidement esquissé sa vie et énuméré ses œuvres ; mais nous n'avons point dit ce que fut l'homme, et c'est l'homme que nous voudrions mettre en lumière ici, en faisant appel aux témoins de sa vie.

« Toujours gai, toujours bon, dit M. Foncin, Charles Bigot nous étonnait, à l'École normale, et nous charmait par la curiosité de ses recherches, par la richesse de son imagination, par la facilité de sa plume courant alerte sur le papier, comme par la finesse de ses reparties, la fière noblesse de ses sentiments, la constance de ses amitiés. »

Dès cette époque il était républicain ; épris de justice et de liberté, il resta constamment fidèle à ses convictions. Ayant quitté l'Université pour entrer dans le journalisme, Charles Bigot ne fut pas seulement un écrivain érudit et sagace, il honora sa profession par la noblesse de son caractère. « Jamais je n'ai vu probité plus haute et plus fière que la sienne, dit M. Francisque Sarcey, et par probité je n'entends pas cette honnêteté vulgaire qui consiste à ne pas tripoter dans les affaires d'argent ; il avait la conscience aussi scrupuleuse qu'il avait l'esprit droit, et c'est peut-être le seul journaliste que j'aie vu absolument réfractaire à ce bon-garçonnisme parisien qui, dans notre milieu, autorise et facilite tant d'aimables compromissions. Il était sévère aux autres comme à lui-même, et l'on tenait à son estime... Aussi possédait-il ce que ne donne pas toujours le seul talent, cette toute petite chose qu'on appelle l'autorité. C'était cette autorité qui donnait aux moindres articles sortis de sa plume un prix inestimable. »

Ses qualités de journaliste érudit, pensant par lui-même et disant d'un style net et clair ce qu'il avait pensé, on les retrouve dans les livres qu'il a publiés. Dans *Les Classes dirigeantes*, dans *La Fin de l'anarchie*, il se montre un politique plein

de modération, de sagacité et de clairvoyance, un
esprit vigoureux et d'une rare équité. Dans *Le
Petit Français*, son livre le plus populaire, il fut
l'apôtre ardent de l'amour de la patrie, qu'il faut,
disait-il, aimer avant l'humanité, plus que l'humanité. « Les bienfaits de la patrie ! l'ancienneté
de la patrie ! la justice et la générosité de la patrie ! Voilà, dit M. Camille Doucet, ce que chaque
page de ce livre enseigne à un petit Français idéal,
dont M. Charles Bigot veut faire, pour la France,
un fils dévoué, un honnête serviteur, un soldat
courageux et, qui sait ? un vengeur peut-être...
Ce livre est rempli d'un bout à l'autre, d'une émotion saisissante qui remue les âmes et les rend
meilleures. » Enfin, dans ses *Questions d'enseignement secondaire*, Charles Bigot, combattant
les réformes radicales proposées par son camarade Raoul Frary, demandait qu'on se bornât à
créer, à côté de l'enseignement classique, un enseignement français pour les classes moyennes;
et l'on sait que ses idées ont été appliquées depuis par l'organisation de ce qu'on appelle « l'enseignement moderne ».

Travailleur infatigable, Charles Bigot avait déjà
subi les atteintes de la maladie cruelle qui devait
l'emporter (l'ataxie locomotrice), lorsqu'on lui

proposa de faire des cours de littérature aux Écoles normales supérieures d'enseignement primaire qu'on venait de créer à Saint-Cloud pour les instituteurs, et à Fontenay-aux-Roses pour les institutrices. En même temps on lui offrait la chaire vacante à l'École de Saint-Cyr, par la mort du regretté Paul Albert. « Pour cette tâche, il fallait non seulement des connaissances vastes et variées, dit M. Alfred Rambaud, mais les dons d'un philosophe et d'un psychologue. Bigot sut intéresser, passionner les jeunes filles comme les jeunes militaires. Il se révéla un merveilleux professeur. »

Cependant sa maladie s'aggravait. L'écrivain que nous venons de citer raconte un fait qui montre à quel point Charles Bigot était scrupuleux et digne : sur les instances de quelques-uns de ses amis qui voyaient avec inquiétude ses forces diminuer, M. Lockroy, alors ministre, lui offrit une des plus hautes fonctions de l'administration des Beaux-Arts. Il la refusa. « Je ne suis plus assez valide, répondit-il; quand on accepte une fonction, il faut, pour la bien remplir, disposer de toutes ses forces, et je ne suis pas non plus assez malade pour occuper une sinécure. »

Charles Bigot avait épousé une jeune Américaine, Mlle Mary Healy, qui a fait preuve, comme romancière, d'un remarquable talent. On sait qu'en 1883 l'Académie française couronna en même temps *Le Petit Français* et *Marca*. « En vous annonçant tout à l'heure, écrivait le secrétaire perpétuel, qu'une part du prix de Jouy était attribuée à l'auteur de *Marca*, à Mᵐᵉ Jeanne Mairet, je vous disais, messieurs, rappelez-vous ce nom et ce livre ! Le nom de Jeanne Mairet en cache mal un autre que j'aime à découvrir devant vous, en dénonçant comme ayant triomphé le même jour, dans deux de vos concours, M. et Mᵐᵉ Charles Bigot. » L'auteur du *Petit Français* avait trouvé une femme digne de lui. Compagne dévouée de sa vie et de son œuvre, Mᵐᵉ Bigot s'attacha à adoucir ses souffrances, écrivit ses articles sous sa dictée lorsqu'il ne put plus se servir de sa main, et le suppléa même, en collaborant à sa place aux journaux et aux Revues que le vaillant écrivain était obligé d'abandonner. Charles Bigot se résigna, consolé sans doute par le spectacle de ce dévouement qu'aucune fatigue ne pouvait lasser. Il ne se plaignait jamais d'ailleurs. Comme Bersot, il fit preuve d'une sérénité admirable devant la destruction attendue de son être. C'était un sage stoïque et doux.

Henri CASTETS.

M. ABRAHAM DREYFUS

M. Abraham Dreyfus, ami personnel de Charles Bigot, à qui nous avions communiqué l'article ci-dessus, nous écrit :

Paris, 10 mai 1893.

Tous les amis de Bigot vous seront reconnaissants de votre pensée, mon cher confrère. Mais il n'y a rien à reprendre ni à ajouter à l'excellent article que je viens de lire; votre distingué collaborateur a parlé de notre ami comme s'il l'avait connu; et ce n'est que pour vous remercier, au nom de Mᵐᵉ Bigot et de tous, que je vais répondre à votre cordiale invitation, bien qu'il m'en coûte un peu, je vous l'avoue, d'avoir à afficher pour ainsi dire, en cette circonstance, des sentiments que j'aurais voulu garder au dedans de moi. J'aimais trop Bigot, comme j'aimais trop Frary, comme j'aimais trop Eugène Yung... Je ne peux pas me résoudre à enterrer mes amis.

Oui, j'aimais Bigot profondément, comme l'aimaient tous ceux qu'il avait admis à l'honneur de son intimité. Mais que nous fussions tant à l'aimer si fort et si bien, non, vraiment, je ne m'en doutais pas. Je m'en suis rendu compte, cependant, quand nous l'avons conduit au cimetière... Ah ! ces obsèques ne ressemblaient guère à celles que nous voyons tous les jours ! On ne se parlait pas, on ne causait pas de ses petites affaires ; à peine se serrait-on la main ; on ne pensait qu'à celui qu'on ne reverrait plus.

Et quand nous avons voulu perpétuer sa mémoire en demandant au grand statuaire Barrias, son ami, de nous faire un médaillon pour la tombe qui venait de se refermer, c'était à qui réclamerait l'honneur de prendre part à la souscription. En deux jours un comité s'est trouvé constitué sous la présidence d'Ernest Lavisse. Tous ses camarades de l'École normale accouraient : c'étaient avec Foncin et Rambaud, Félix Alcan, Bony, Reymond, Decharme, Morel, Marion, Maspero, Gabriel Monod, Léopold Cerf, Porchon, Terrier, Vidal de La Blache et bien d'autres auxquels venaient se joindre les directeurs de nos grandes écoles et les artistes, peintres, musiciens, sculpteurs que Bigot avait connus à Rome ou à

Athènes, sans compter ses anciens confrères du *XIXe Siècle* et d'autres journaux. Le comité composé d'abord de trois membres, en comprend vingt-cinq aujourd'hui, et si le flot des souscriptions continue, l'accord tout intime de quelques amis se sera transformé en une manifestation dont le caractère se démêle aisément. Ces témoignages spontanés d'estime et d'affection ne s'adressent pas seulement à l'homme et à l'écrivain : ils vont surtout au professeur de Saint-Cyr, à l'évocateur de nos gloires militaires, à l'auteur du *Petit Français*.

« Petit Français, mon jeune ami, mon frère cadet, écoute-moi. Je viens te parler de ce qu'il y a au monde de plus grand et de plus sacré : de la Patrie.

» Tu ne me connais pas, je ne sais pas ton nom ; sans doute nous ne nous rencontrerons jamais. Habites-tu Paris comme moi, ou quelque autre ville grande ou petite ? es-tu l'enfant de la montagne ou de la plaine ? vas-tu passer tes heures de récréation sur le bord de quelque plage, regardant les lames vertes et mugissantes de l'Océan ou les vagues bleues de la Méditerranée ? ou bien te promènes-tu par les champs, les prés ou les grands bois ? Qui que tu sois, riche ou pauvre, nous ne sommes pas des étrangers l'un pour l'autre ; nous parlons la même langue, nous sommes les fils de la même terre, et cela suffit pour qu'il y ait entre nous comme un lien du sang.

» Si quelque jour, quand tu seras grand, les hasards de la vie t'amènent à quitter la terre où tu es né, à habiter loin d'elle parmi les pays où les hommes aiment une autre patrie que la tienne, tu verras combien, sans même avoir à souffrir d'eux, tu sentiras toujours que quelque chose te manque, comme ton cœur sera resté au pays qui est ton pays. Tu verras comme, en ouvrant un journal, ce sera aux nouvelles de France que tes yeux iront d'abord ! comme ton cœur battra dès que tu apercevras nos trois couleurs, à l'arrière de quelque vaisseau dans un port, à la façade d'un consulat ou d'une ambassade, à la fenêtre de quelque Français, en exil comme toi !

» ... Écoute-moi maintenant. Je vais essayer de te bien expliquer ce que c'est que ta Patrie, la France. Et quand tu auras bien compris pourquoi il faut l'aimer et pourquoi elle mérite que tu l'aimes jusqu'à mourir pour elle, nous dirons ensuite comment tu dois la servir. »

Et il le dit. Dans les pages qui suivent, le maître apprend à l'écolier ce qu'il doit faire, — ce qu'il devra faire. Il le lui apprend très simplement, sans déclamation, sans forfanterie; ce n'est pas un docteur en patriotisme qui parle, ce n'est même pas un professeur, c'est un ami, un grand frère qui se fait tout petit pour aller tout droit au cœur de l'enfant.

Charles Bigot avait su de même exercer une

vive et précieuse influence sur l'esprit de nos futurs officiers. Il ne m'appartient pas de dire ce
que fut son enseignement à Saint-Cyr; un de ses
anciens et de ses plus chers élèves l'a expliqué
avec émotion dans le journal *la Gironde*. D'autre
part, M. le général Motas d'Hestreux, comman-
dant l'École, a rendu à notre ami l'hommage qui
l'eût le plus touché : il devait conduire lui-même
au cimetière une députation des officiers et des
élèves, marquant ainsi qu'il traitait ce simple
civil comme un frère d'armes, comme un soldat... Malheureusement, ce suprême hommage
aura manqué à Charles Bigot. Par suite de je ne
sais quelle erreur, accident de poste ou de télé-
graphe, la délégation commandée n'a pu partir
à temps; les officiers et les professeurs ont dû
rester à l'École, et, en revenant du Père-Lachaise,
nous avons trouvé devant la maison mortuaire
deux immenses couronnes faites par les jardi-
niers de Saint-Cyr avec des fleurs de Saint-Cyr et
apportées à bras par des plantons de Saint-Cyr.
Il fallait voir le désappointement de ces pauvres
gens. « Quel dommage, murmuraient-ils.., On
s'était pourtant bien dépêché !... Et c'étaient les
plus belles fleurs du jardin !... »

Eh bien, consolez-vous, mes amis; elles étaient

encore superbes et très fraîches, ces fleurs, quand nous les avons portées au cimetière ; mais, superbes ou non, elles n'auront pas été les moins douces à l'âme du Français que nous pleurons.

Abraham DREYFUS.

M. GASTON DESCHAMPS

Charles Bigot fut un professeur remarquable, un écrivain de rare mérite, un ami passionné de l'Université. La *Revue universitaire* lui doit l'hommage de ses affectueux regrets, et un dernier adieu.

Ses camarades et ses amis ont dit ce qu'il fut à l'École normale, quelles circonstances l'obligèrent, lorsqu'il enseignait au lycée de Nîmes, à donner sa démission, quel excellent maître il redevint, lorsqu'un gouvernement libéral, en le réinstallant dans une chaire, le rendit aux tâches très nobles où sa vocation l'appelait.

Suspect aux autorités de Nîmes parce qu'il avait, comme le font beaucoup de jeunes professeurs, quelque peu collaboré à la presse locale, il fit bientôt, par métier et par nécessité, ce qui, jusque-là, n'avait été pour lui qu'une récréation entre deux classes. Il devint journaliste ; il réso-

lut de vivre de sa plume. Il prit ce parti peut-être
avec quelque appréhension, mais sans doute aussi
avec beaucoup d'espérance. L'entrée si rapide,
dans la publicité et dans la renommée, d'Edmond
About, de Prévost-Paradol, de Francisque Sarcey,
a été, pour les normaliens de la promotion de
1860 (1) et même pour ceux des promotions ulté-
rieures, un exemple et un stimulant. Charles
Bigot fut rédacteur à la *Gironde* et au *Siècle*.
Puis, le *XIXe Siècle*, lorsqu'About en prit la direction, fut pour Bigot une maison amie où son
talent reçut l'accueil le plus cordial. Il aima sa
nouvelle profession. En effet, il n'en est pas de
plus attrayante, à condition toutefois qu'on
l'exerce avec beaucoup de conscience et de sérieux. Le journaliste qui fait sa besogne à la
légère, juxtaposant, avec indifférence, des néga-
tions fantaisistes et des affirmations inexactes,
peut, à la rigueur, réussir auprès de la majorité
du public, qui n'est pas difficile. Quelques

---

(1) Les camarades de promotion de Charles Bigot furent
MM. Brunet, Charpentier, Deleau, Dupont, Evellin, Foncin,
Frary, Froment, Gachot, Joly, Morel, Petit de Julleville, Sayous,
Waltz, Yon. — M. Alfred Rambaud, qui a si bien parlé de lui
dans la *Revue Bleue* (numéro du 22 avril 1895), entra à l'école
en 1861, avec Bougot, Augustin Filon, Albert Dumont, Gasté,
Bony, etc., etc., et fut, par conséquent, son « conscrit ».

exemples tendraient à prouver qu'il est peut-être
superflu, et même nuisible, de garder, dans ce
métier, le respect de soi-même et celui des autres.
Mais le régime de l'improvisation forcenée et de
la divagation voulue détruit, en peu de temps, les
esprits même les mieux doués. On a beau vouloir
se dédoubler, on finit par subir la contagion de
ce qu'on fait. A force de griffonner des sottises,
on devient un sot.

Charles Bigot ne risquait pas de se gâter dans
le labeur quotidien de la presse, ni de s'en dégoû-
ter. Lorsqu'on apporte à la rédaction de l'article
ou de la chronique un peu de philosophie, des
études antérieures, un esprit accoutumé par de
longues disciplines à classer les notions nouvelles, un vif sentiment du devoir, et l'habitude
de réfléchir, — au lieu de s'épuiser, on s'enrichit
tous les jours d'acquisitions incessantes. Un bureau de rédaction (je parle, bien entendu, des
journaux où l'on s'occupe encore de politique, de
littérature et d'art) est un très bon observatoire
pour regarder les hommes et les choses. Les
échos du monde entier aboutissent là ; et il est
peu d'événements dont on n'y ressente, par
contre-coup, la vibration. Lorsqu'un professeur
entre là au sortir de sa classe, il est d'abord

émerveillé de toutes les échappées qui lui sont
ouvertes sur le vaste univers et de la perpétuelle
nouveauté de l'histoire contemporaine, ainsi re-
gardée par le menu. S'il a la prudence de ne pas
demander au journalisme d'autres plaisirs que
ces jouissances permises, il sera très heureux ;
il prendra goût à l'odeur de l'encre fraîche ; et,
malgré la trépidation des machines rotatives et le
vacarme des téléphones, sa *copie* sera enfantée
dans la joie.

Charles Bigot fut un journaliste excellent et un
journaliste heureux. Il était bien à sa place dans
cette vaillante équipe du *XIXᵉ Siècle* que le re-
doutable voisinage d'About aurait paralysée, si
elle n'avait été composée d'hommes de première
valeur. Ceux qui ont connu cette maison, qui sentait la poudre, et d'où tant de fusillades meurtrières
ont crépité sur les têtes toujours renaissantes du
fanatisme et de l'ordre moral et contre les tyran-
neaux du 16 mai, s'accordent à dire que ces
rudes compagnons étaient les plus gais et les
plus aimables des hommes. « C'était une famille,
a écrit M. Joseph Reinach, la plus bienveillante
et la plus cordiale qu'il se puisse imaginer : j'y
ai passé le temps d'écrire le compte rendu d'un
Salon ; mais cela suffit ; à travers toutes les petites

misères de la politique, j'y suis resté de cœur
jusqu'au dernier jour (1). »

Les articles très lumineux et très nourris, que
Charles Bigot prodigua, pendant plusieurs
années, dans les colonnes du *XIXᵉ Siècle*, ne
suffisaient pas à son activité. Il fut un des collaborateurs les plus assidus de la *Revue Bleue*. La
plupart des études qu'il écrivit pour ce recueil
ont été, heureusement, réunies en volumes (2).
Longtemps, il put se multiplier ainsi sans se fati-
guer : en voici la raison, qui au premier abord
semble paradoxale : c'est que, tout en faisant des
articles, il faisait des livres. Tout bon journaliste
doit avoir sur sa table, parmi les feuilles légères
qui vont bientôt disparaître dans le tourbillon de
l'actualité, les pages moins mobiles d'un « livre
en train ». C'est un repos et une détente, après la
fiévreuse correction des épreuves attendues par
le directeur impatient, le secrétaire surmené et le
prote nerveux, que de reprendre, à loisir, le chapitre inachevé. C'est aussi le sûr moyen de se
renouveler, de changer d'horizon, d'éviter la vieil-

---

(1) Joseph Reinach. Préface du *Dix-neuvième siècle* d'Edmond
About. Paris, Ollendorf, 1892.

(2) Les *Peintres français contemporains*. Paris, Weill et Maurice, 1883. — *Questions d'enseignement secondaire*. Paris, Hachette, 1886.

lesse précoce, le bavardage mécanique, le rabâ-
chage. Dans ce labeur calme et bienfaisant, où
son esprit se maintient « en forme », le journaliste se munit de faits précis et d'idées générales ;
il en sort mieux équipé et mieux armé pour la
parade ou pour la bataille de chaque jour.

Charles Bigot demeura fidèle à cette règle tant
que sa santé le lui permit. Deux de ses livres —
sans compter ses récits de voyage (1) et l'élo-
quent manuel de patriotisme, qu'il a intitulé le
Petit Français (2) — méritent de rester, et de-
vraient être lus par tous les hommes politiques.
C'est, d'une part, sa sérieuse et pénétrante étude
des *Classes dirigeantes* (3), véritable examen de
conscience de la société française telle qu'elle
était constituée au lendemain de la guerre, appel
chaleureux à tous ceux qui estiment que nul n'a
le droit d'être indifférent aux intérêts de la chose
publique, peinture exacte et presque prophétique
des dangers auxquels s'expose notre bourgeoisie,
si elle ne sait pas rompre avec des habitudes,
déjà invétérées, de morgue, d'ignorance et d'inac-

---

(1) *Grèce, Turquie, Le Danube*. Paris, Ollendorf, 1886. — *De Paris au Niagara*. Paris, Dupret, 1887.
(2) Paris, Weill et Maurice, 1883.
(3) Paris, Charpentier, *deuxième édition*, 1881.

tion. C'est aussi *la Fin de l'Anarchie* (1), ouvrage
un peu trop optimiste, comme l'indique le titre,
mais où se trouvent de fortes pages sur le « péril
social » et sur le « programme de la République ».

Un irrésistible instinct veut que les professeurs
qui ont quitté l'enseignement pour le journalisme, cherchent, tôt ou tard, à rassembler des
élèves et à reprendre leur cours interrompu. Les
exemples de cette nostalgie du bercail ne sont
pas rares, même parmi ceux dont l'Université
n'espérait plus guère le retour. Qui a enseigné,
enseignera. Ceux qui se dérobent à cette loi
finissent mal, tout dépaysés, comme des curés
vagabonds en peine de leur paroisse. Au contraire, ceux qui obéissent aux reproches doux et
tenaces de la vocation, se trouvent bien dès qu'ils
sont rentrés, par un chemin ou par un autre,
dans la confrérie. M. Émile Deschanel, que le
Collège de France a consolé des luttes politiques,
notre maître M. Francisque Sarcey, qui monte en
chaire un peu partout, sont rajeunis et ragaillardis
par la leçon reprise et par les applaudissements
de l'auditoire enfin retrouvé. Ils sont revenus à

1, Paris. Charpentier, 1878.

leur classe ; d'autres y reviendront qui peut-être s'en défendent...

Charles Bigot fut professeur aux Écoles normales de Sèvres, de Fontenay, de Saint-Cloud. En 1880, le ministre de la guerre lui confia le cours de littérature à l'École militaire de Saint-Cyr. Ce bon travailleur, qui ne redoutait pas la peine, et qui donnait allègrement, à ses élèves, le meilleur de son temps et de ses forces, ne voulut pas abandonner tout à fait ses journaux, ses livres, ses revues. Sa santé ne résista pas à cette surcharge. Les amis de sa jeunesse, ceux dont la fidélité, plus forte que la mort, témoigne, mieux que toutes les paroles, de sa valeur morale, ont dit avec quel fier et délicat stoïcisme il supporta les maux sans nombre et sans mesure qui ont ruiné son corps, sans altérer son intelligence et sans vaincre sa sérénité. Ils ont parlé aussi, discrètement, avec le respect que l'on doit à la pudeur des hautes vertus, de l'admirable femme dont l'ingénieuse bonté a su, par un miracle d'amour, faire aimer la vie, jusqu'au bout et malgré les pires épreuves, à ce noble esprit et à ce grand cœur.

Gaston DESCHAMPS.

Nous apprenons avec un vif regret la mort d'un de nos plus distingués et respectés confrères, M. Charles Bigot, ancien membre de l'école d'Athènes, professeur de littérature à l'école militaire de Saint-Cyr et à l'école d'institutrices de Fontenay.

M. Charles Bigot était né à Bruxelles, de parents français, en 1840. Après avoir professé la rhétorique en province pendant les dernières années de l'Empire, il avait quitté l'Université, comme tant d'autres de sa promotion, pour entrer dans le journalisme. On a gardé le souvenir des brillants articles qu'il donna au *Siècle*, où il conserva pendant longtemps le feuilleton dramatique, puis au *XIXe Siècle* sous la direction d'About.

Il avait collaboré aussi au *Journal officiel* et à la *Revue bleue* comme critique d'art, chargé aussi des questions d'enseignement, qu'il traitait avec une rare autorité. C'est ainsi qu'il publia, en réponse au célèbre ouvrage de son camarade Raoul Frary (la *Question du latin*), un livre dans lequel il conseillait de faire une place plus large aux études spéciales sans abandonner pour cela l'étude des humanités pures : c'est, en somme, le système qui a été suivi.

Outre cet ouvrage, intitulé *Questions d'enseignement secondaire*, Charles Bigot a publié, en 1876, deux volumes de morale et de politique, les *Classes dirigeantes* et la *Fin de l'anarchie*, puis *Peintres français contemporains*, recueil de ses articles d'art, et deux volumes : *Grèce, Turquie, Danube* et *De Paris au Niagara*, relation du voyage qu'il fit, en 1886, aux États-Unis, comme délégué du syndicat de la presse parisienne pour l'inauguration de la statue de Bartholdi, la *Liberté éclairant le Monde*.

Le *Temps* publia alors des correspondances de Mme Bigot (Jeanne Mairet), qui accompagnait son mari.

Mais le nom de Charles Bigot restera attaché surtout à la publication du *Petit Français*, un livre de lecture pour les écoles, où la morale et le patriotisme sont enseignés avec autant d'élévation que de simplicité. Ce livre a été couronné en 1883 par l'Académie française, qui décernait en même temps une autre de ses récompenses à l'auteur de *Marca*, à Jeanne Mairet, c'est-à-dire à la digne compagne de l'homme de bien et de l'écrivain qui vient de mourir.

LA GIRONDE

Je pense qu'on me permettra de parler, moi
aussi, du maître vénéré, de l'excellent ami que
nous venons de perdre. Charles Bigot, en effet,
qui était avant tout un professeur, un littérateur,
un critique d'art, s'occupait aussi des choses
militaires avec une passion patriotique et une
ardeur toujours jeune. Tout comme à l'enseignement et au journalisme, il appartenait à l'armée,
par la vive sympathie qu'il professait pour elle,
par son admirable *Petit Français* qui respire le
plus pur amour de la gloire, par son cours de
Saint-Cyr, enfin, qui a exercé sur nos jeunes
officiers d'infanterie et de cavalerie l'action la
plus saine et la plus vivifiante.

S'il l'avait pu, il aurait encore tiré un meilleur
parti de ces leçons de littérature. Son rêve était
de faire connaître à ses auditeurs les écrivains
militaires dont les œuvres sont trop peu lues à

notre époque. Si M. Thiers, naguère, a fait réim-
primer les *Mémoires* de Berwick ou de Montluc,
dans une collection publiée par M. Camille Rous-
set, où trouver *l'Armée selon la Charte* de Mo-
rand, ou *les Rêveries* du maréchal de Saxe, ou
les Fantaisies et *les Préjugés* du prince de
Ligne? Assurément, nos officiers doivent avoir lu
leurs classiques : il faut qu'ils soient capables
de parler de Bossuet ou de Pascal, et il serait
fâcheux qu'ils n'aient que des idées vagues sur
Gœthe ou sur Shakespeare. Mais à cette culture
générale doivent s'ajouter les connaissances pro-
fessionnelles spéciales. Et malheureusement, il
faut bien l'avouer, elles font trop souvent défaut
dans notre armée.

N'est-il pas bien regrettable qu'elle ignore jusqu'à l'existence des *Avant-Postes de Cavalerie
légère*, cet admirable « bréviaire » du cavalier,
que le général de Brack a écrit dans un moment
d'inspiration ? N'est-il pas regrettable qu'elle ne
connaisse même pas de nom *l'Armée en 1867*
du général Trochu, livre qui a eu sur les destinées
de la France une influence capitale ? Dans telle
bibliothèque militaire que je pourrais citer, on
trouve les sermons de Massillon et de Bourda-
loue, les comédies de Regnard et de Destouches :

vous y chercheriez en vain les célèbres ouvrages de Folard, de Guibert et de Mesnil-Durand, ou les *Lettres* si éloquentes, si « guerrières » du maréchal de Saint-Arnaud.

Charles Bigot ne pouvait évidemment parler à nos futurs officiers de tous ces écrivains militaires, dont la valeur, d'ailleurs, est inégale ; il n'y songeait même pas : il aurait tout simplement voulu inspirer à ses jeunes auditeurs la curiosité d'étudier l'œuvre de pareils maîtres, le désir de s'instruire auprès d'eux. Les exigences d'un programme précis l'ont empêché d'accomplir dans toute son ampleur la tâche qu'il s'était assignée : il avait dû, sans renoncer complètement à ce vaste programme, en limiter les développements. Mais, en tout cas, il savait parler aux saint-cyriens la langue qui leur convenait. Il n'oubliait jamais ce qu'ils étaient, ces jeunes gens auxquels il s'adressait, ardents, enthousiastes comme lui. Son âme s'épanchait dans leur âme. La chaleur de son éloquence exaltait chez eux le feu sacré, et sa parole était écoutée avec ferveur, avec respect, même aux jours où la maladie rendit l'élocution difficile et la respiration pénible.

Car, hélas, ce vaillant professeur dut abandonner son enseignement à l'âge où d'ordinaire

on est en pleine vigueur. Bien que déjà il eût dé-
posé sa plume, qu'il eût cessé son dur labeur de
chroniqueur, de critique de théâtre et d'art, il
conservait encore sa chaire de Saint-Cyr ; il s'y
cramponnait en quelque sorte. C'était sa joie
suprême. Quel travail, pourtant, quels efforts
exigeait cet enseignement, le plus grand intérêt de son existence chancelante. Il a fallu le
dévouement toujours affectueux et respectueux
de M. Maurice Albert, professeur adjoint du cours
de Saint-Cyr, pour que le maître pût s'acquitter
si longtemps de sa tâche. Le voyage de Paris à
l'École était une souffrance cruelle pour le malheureux ataxique et pour son compagnon ; mais
ils étaient soutenus, l'un et l'autre, par le sentiment supérieur du devoir.

S'il ne reste rien de l'enseignement oral de
Charles Bigot, rien que de sèches autographies,
nous retrouvons la chaleur de son cœur dans le
Petit Français, dédié par l'auteur à la mémoire
de tous les citoyens morts pour la patrie pendant
la guerre de 1870-1871, et à tous ceux qui ont
combattu alors pour la France. C'est un chef-
d'œuvre d'éloquence familière, de simplicité poétique et d'ardeur civique en même temps. Écou-
tez plutôt le début de l'avant-propos :

« Petit Français, mon jeune ami, mon frère cadet, écoute-moi. Je viens te parler de ce qu'il y a au monde de plus grand et de plus sacré : de la Patrie !

» Tu ne me connais pas, je ne sais pas ton nom ; sans doute, nous ne nous rencontrerons jamais. Habites-tu Paris comme moi, toi qui ouvres ce petit livre? ou quelque autre ville grande ou petite? ou la campagne? Es-tu l'enfant de la montagne ou de la plaine? Es-tu né à l'est, à l'ouest ou au centre, au nord ou au midi? Vas-tu passer tes heures de récréation sur le bord de quelque plage, regardant les lames vertes et mugissantes de l'Océan ou les vagues bleues de la Méditerranée? ou bien te promènes-tu par les champs, les prés ou les grands bois?... Qui que tu sois, riche ou pauvre, nous ne sommes pas des étrangers l'un pour l'autre ; nous parlons la même langue : tu me comprends comme je te comprends. Nous sommes Français l'un et l'autre ! Nous sommes les fils de la même terre, et cela suffit pour qu'il y ait entre nous comme un lien du sang.

» Si quelque jour, quand tu seras grand, les hasards de la vie t'amènent, comme cela m'est arrivé, à quitter la terre où tu es né, à habiter

loin d'elle parmi les pays où les hommes parlent
une autre langue, aiment une autre patrie que la
tienne, tu verras combien, sans même avoir à
souffrir d'eux, tu sentiras toujours que quelque
chose te manque, comme ton cœur sera resté au
pays qui est ton pays! Tu verras comme, en ouvrant un journal, ce sera aux nouvelles de France
que tes yeux iront d'abord! Tu verras comme ton
cœur battra dès que tu apercevras nos trois couleurs, à l'arrière de quelque vaisseau dans un
port, à la façade d'un consulat ou d'une ambassade de France, à la fenêtre de quelque Français,
en exil comme toi! »

Ce cœur si chaud a cessé de battre. Ce noble
esprit n'est plus. De cet homme loyal, affectueux
et sympathique, il ne nous reste plus que l'exemple et le souvenir. Quel deuil dans cet intérieur
qu'il laisse vide et où j'avais l'honneur d'être
admis dans l'intimité! Il ne m'appartient pas d'en
parler; mais je peux dire ici de quelle admiration est digne celle qui le pleure aujourd'hui et
avec laquelle nous le pleurons.

A. F.

M. HENRY FOUQUIER

L'intimité, très douce pour moi, qui se crée à la longue entre un écrivain et les lecteurs ordinaires du journal me permet d'espérer qu'on me laissera aujourd'hui, délaissant tout autre sujet plus gai, parler des morts que j'ai connus et aimés et qui viennent de disparaître. L'un de ces morts est M. Charles Bigot. Les vieux abonnés du *XIXe Siècle* n'ont pas perdu la mémoire de cet homme à l'esprit distingué qui, pendant longtemps, causa presque tous les jours avec eux, comme je le fais moi-même, resté à peu près le dernier survivant, ou, tout au moins, le dernier fidèle du journal, parmi les premiers fondateurs du *XIXe Siècle*. About est mort. Lieberi, devenu préfet, est mort, après une longue et terrible agonie. Schnerb est administrateur je ne sais où, disparu de la vie militante, où il fut remarquable de verve et d'entrain. M. Lafargue est chef de cabinet du président de la Chambre. Pellegrin est consul à Athènes. Certes, le journal a été renouvelé dans son personnel, modernisé dans la forme. Personne n'a à s'en plaindre. Mais moi, qui suis des anciens, je reporte avec mélancolie mon souvenir vers les compagnons d'autrefois. Bigot était des meilleurs, des plus sûrs et, malgré le mal qui l'atteignait déjà il y a dix ans, des plus gais. Il avait été à l'École normale très brillant. Mais, de caractère très indépendant, ferme républicain avant la République, il avait demandé au journalisme plus de liberté et surtout les satisfactions de la lutte, si douce pendant les temps de la jeunesse enthousiaste... Ce fut ainsi que nous fîmes, côte à côte, la campagne des 16 et 24 Mai. C'était un beau moment ! Mais déjà Bigot, dont la place dans la presse politique s'était faite considérable, ressentait les atteintes du mal qui vient de l'emporter.

Ce n'est pas sans intention que j'ai dit tantôt qu'il était gai compagnon, car sa gaieté était un signe de courage. Combien d'autres, à sa place, se seraient sentis découragés ! Parfois, il pouvait à peine écrire. Mais rien ne l'empêchait d'accomplir son labeur. Forcé, cependant, à une demi-retraite, il suppléa au journalisme quotidien par

des correspondances tout à fait remarquables
dans la *Gironde*, par des articles de revue, par
des livres, dont l'Académie récompensa le talent
et l'esprit patriotique élevé. De plus, il était professeur à l'École de Saint-Cyr, et tant que ses
forces le lui permirent, il occupa cette chaire où
il s'était fait aimer de ses élèves. Modeste, d'ailleurs — il avait fallu lui faire quasiment violence
pour lui faire accepter la croix — il était au plus
haut degré un homme de devoir, mais du devoir
accompli avec bonne humeur et bonne grâce, in-
dulgent aux autres autant que sévère pour lui-
même.

La maladie qui l'emporte n'avait pas altéré sa
vaillance, encore qu'elle l'ait empêché d'arriver,
dans la presse, là où il eût dû arriver. Ce fut,
comme Frary, dont j'ai eu aussi la douleur de
redire l'existence trop tôt brisée, un de ces
hommes à qui la vie ne permit pas de donner
leur mesure, mais qui, — c'est la consolation dernière, — furent au moins estimés à leur valeur
par les amis qui les regrettent.

Charles Bigot avait été mon compagnon de
journal : Liouville était mon camarade de collège.
Ils s'en vont le même jour, après tant d'autres que
j'ai enterrés déjà. Je sais bien qu'il faut prendre

7

son parti, pour les autres et pour soi-même, de la
mort inéluctable. Mais ce n'est pas sans mélancolie qu'on voit partir les hommes à côté de qui
on a vécu, non de la vie banale des contacts mon-
dains, mais d'une vie plus haute, d'amitié, de
conformité de pensées, de luttes ensemble supportées pour la même idée. Ces associations morales, alors même que le hasard de la vie les dé-
noue, ont créé un lien qui dure toujours. C'est
ainsi qu'on arrive à éprouver un chagrin véritable
en apprenant la mort de certains hommes qu'on
n'apercevait plus qu'à de rares intervalles, mais
avec qui on avait vécu, soit dans le temps de la
première jeunesse, soit à l'époque des luttes hé-
roïques, et qui étaient devenus quelque chose de
vous-même qui s'en va avec eux.

                              Henry Fouquier.

M. FRANCISQUE SARCEY

Charles Bigot vient de mourir. C'est un homme qui a fait honneur à notre profession plus encore par son caractère que par ses écrits.

Je me souviens qu'un jour, au *XIXᵉ Siècle*, où j'eus longtemps le plaisir de collaborer avec lui, sous les ordres d'Edmond About, il me parla d'Eugène Bersot, dont on venait de nous annoncer la mort. Eugène Bersot était un des esprits les plus distingués de ce temps ; il avait été nommé directeur de l'École normale, et il avait déployé dans le gouvernement de cette grande maison des qualités de premier ordre ; il en avait été l'âme, et tous les jeunes gens d'élite qui avaient passé par ses mains avaient gardé de ses conseils et de ses leçons un souvenir respectueux et attendri.

Un mal singulier l'avait frappé en pleine force de vie, en pleine activité de travail. Un point noir s'était fixé sur sa joue droite et s'était mis à la ronger. C'était le cancer ou quelque chose d'équivalent.

Bersot avait pour ami intime un médecin fort célèbre, avec qui il se plaisait à causer de philosophie.

Il l'interrogea sur son mal ; il lui demanda combien de jours lui restaient encore à vivre, et le pria de ne point lui cacher la vérité. Son ami le lui dit, car il lui savait l'âme ferme. Bersot était philosophe ; il arrangea ses affaires et se prépara à la mort qui devait être prochaine. Il ne voulut point quitter l'École qu'il dirigeait, et jamais on n'entendit sortir de sa bouche une plainte non plus qu'une parole irritée.

Il recevait tous ceux qui venaient le voir, l'air aisé et souriant, la joue appuyée sans affectation sur un mouchoir qu'il tenait à la main. Il vaquait à toutes ses occupations, avec une merveilleuse sérénité, regardant d'un œil calme et doux la mort qui lui faisait signe.

Quand il sentit qu'il n'avait plus que quelques heures à vivre, il fit venir son ami le médecin. Il lui demanda de s'installer à son chevet et d'en écarter sous un prétexte quelconque, en les rassurant par un visage riant, tous les membres de sa famille. Ses proches parents étaient dévots et pratiquants : il était, lui, libre-penseur, et se défiait du zèle des siens ; il se défiait moins encore des tentatives qui pourraient être faites sur lui, que des légendes qui se formeraient sur ses derniers moments. Il se souvenait de Littré, dont l'agonie avait été confisquée par les prêtres.

Quand il sut que décidément l'heure était arrivée, comme il avait sa pleine connaissance, il invita quelques-uns de ceux avec qui il philosophait d'ordinaire à venir assister à ses derniers moments. Il dirigea l'entretien, qui roula sur la destinée de l'homme, et il le fit avec une admirable liberté d'esprit, gardant jusqu'au bout sa bonne grâce accoutumée de langage. Il s'éteignit comme Socrate, causant avec ses disciples de l'immortalité de l'âme. La seule différence, c'est qu'il ne parla point de sacrifier un coq à Esculape.

* * *

Bigot me contait avec admiration cette mort, qui était celle d'un sage. Ce qui l'avait le plus touché, c'était cette parfaite égalité d'humeur, conservée au milieu des pires souffrances, par un homme qui savait son mal incurable. Il avait été à l'Ecole normale l'élève de Bersot; il l'aimait et le voyait souvent.

— Il n'y a pas, me disait-il, dans l'antiquité, de plus belle mort que celle-là. C'est la mort d'un grand honnête homme.

Qui sait si Bigot, quand il me contait avec tant d'émotion la sérénité philosophique d'Eugène Bersot en face de la maladie et de la mort, ne faisait pas vaguement un retour sur lui-même, et ne se préparait pas, dans le silence de son cœur, à déployer la même fermeté d'âme.

Il y a déjà bien des années de cela, et déjà il était sourdement travaillé d'une maladie que l'on sait capricieuse en ses progrès et en ses retours, mais que l'on sait aussi implacable : l'ataxie locomotrice. Quand il arrivait au bureau de la rédaction, nous le regardions avec inquiétude. Il avait une façon de marcher qui n'était point naturelle, et dont on nous avait révélé le secret. C'étaient les premières atteintes du terrible mal.

Il n'avait lui-même aucun doute sur la nature de ses souffrances. Mais il n'en parlait jamais : et tandis que, dans l'abandon familier des bavardages quotidiens autour de la table de rédaction, nous nous lamentions sur un rhume ou sur une migraine, jamais un mot ne tomba de sa bouche qui pût nous attrister sur son sort. Il était stoïque, et ce stoïcisme n'avait rien de guindé ni de farouche ; il n'enlevait rien à l'agrément de son esprit, ni à l'enjouement de sa conversation.

Sévère et intransigeant, oui, certes, il l'était,

mais uniquement pour tout ce qui ne lui paraissait pas droit et juste. Jamais je n'ai vu probité plus haute et plus fière que la sienne ; et par probité, je n'entends pas cette honnêteté vulgaire qui consiste à ne pas tripoter, quand on a l'honneur d'être journaliste, dans les affaires d'argent ; mais on ne lui eût jamais, pour quelque considération que ce fût au monde, fait dire ou écrire un mot qui n'aurait pas été l'expression loyale de sa pensée. Il avait la conscience aussi scrupuleuse qu'il avait l'esprit droit ; et c'est peut-être le seul journaliste que j'aie vu absolument et même sèchement réfractaire à ce bon garçonnisme parisien, qui, dans notre milieu, autorise et facilite tant d'aimables compromis.

Il était sévère aux autres comme à lui-même ; et l'on tenait à son estime. Il n'avait pas la poignée de main facile, et je sais tel qui a reçu de lui des saluts brefs qui ne m'auraient guère plu s'ils m'avaient été adressés.

Son style était sobre, austère et net, comme son caractère. Bigot n'était pas un polémiste brillant ; mais il savait beaucoup, pensait par lui même et disait juste ce qu'il avait pensé.

Aussi possédait-il ce que ne donne pas toujours le seul talent : cette toute petite chose

qu'on appelle : l'autorité. C'était cette autorité
qui donnait aux moindres articles sortis de sa
plume un prix inestimable. Il la connaissait et
s'estimait à sa valeur ; avec cela le plus aisé, le
plus coulant des collaborateurs. Nous avons, durant des années, travaillé côte à côte, Fouquier,
lui et moi, écrivant chaque soir, dans le même
journal, une chronique sur les sujets du jour. Je
puis nous rendre cette justice qu'il ne s'est jamais
élevé, je ne dis pas une querelle, mais même
l'ombre d'une contestation entre nous. Bigot était
le meilleur quoique le plus sérieux des camarades.

*_*_*

Quand le *XIXe Siècle* eut passé en d'autres
mains, nous nous séparâmes, et je ne vis plus
Bigot que de loin en loin. Le mal avait fait du
progrès ; il vivait très retiré ; il ne pouvait plus
écrire de sa main, il dictait ses articles à sa
femme, qui a été la compagne dévouée de sa vie
et de son œuvre, et qui s'est fait elle-même un
nom sous le pseudonyme de Jeanne Mairet.

Ses souffrances étaient devenues terribles ; il
ne se plaignait pas. Il se raidissait dans la philosophie, sans dire pourtant, comme le philosophe

antique : « O douleur, je ne conviendrai jamais
que tu es un mal ! » Il avait horreur du paradoxe.

La mort pour lui a été une délivrance. De tout
son labeur de journaliste, il ne restera que le
souvenir. Mais un volume gardera son nom de
périr tout entier : c'est le *Petit Français*, un
livre de lecture pour les écoles où la morale et le
patriotisme sont enseignés avec autant d'élévation
que de simplicité.

Francisque SARCEY.

Une dépêche nous apporte la douloureuse nouvelle de la mort de Charles Bigot, qui vient de succomber à Paris à l'âge de 53 ans.

La maladie, qui depuis longtemps déjà avait affaibli le corps de l'éminent écrivain, n'avait en rien altéré la lucidité de sa haute et vaste intelligence.

Sorti de l'École normale et ancien élève de l'école d'Athènes, Charles Bigot débuta à *la Gironde* où ses articles furent fort remarqués. Quelques années après, il appartenait à la rédaction du *XIXᵉ Siècle* et faisait partie de cette brillante pléiade d'écrivains qui compta dans ses rangs About, Schnerb, Liébert, Francisque Sarcey, etc., etc.

Critique d'art d'une haute compétence, doublé d'un écrivain érudit et délicat, Charles Bigot publia à la même époque, dans la *Revue bleue*, de remarquables comptes-rendus de salon et des études littéraires. L'érudition, les aperçus nouveaux étaient relevés encore par la magie d'un style net, sobre, coloré, qui le plaçait au premier rang des écrivains de l'époque.

Travailleur infatigable et plein de ressources, Bigot publia aussi plusieurs ouvrages sur l'enseignement, ainsi que des relations de voyage, notamment sur la Grèce, la Turquie et le Danube.

Quand notre regretté confrère quitta le journalisme, il reçut du gouvernement une mission de haute confiance et fut nommé professeur de littérature et d'histoire à l'école militaire de Saint-Cyr, poste qu'il occupa pendant plusieurs années avec une rare distinction.

Comme consécration de son mérite universitaire, Charles Bigot avait également été appelé à faire partie du Conseil supérieur de l'instruction publique.

C'est, on le voit, une laborieuse et brillante carrière qui a été parcourue par cet écrivain de race dont la fermeté conciliante, la droiture, la loyauté et le grand talent étaient appréciés de tous ; aussi ne laisse-t-il que des amis et des admirateurs de son talent délicat.

Madame Charles Bigot, qui, sous le pseudonyme de Jeanne Mairet, a elle-même conquis une

réputation de brillant écrivain, est durement
frappée par cette mort qui brise impitoyablement
une entière communauté de sentiments et de
goûts littéraires ; aussi lui adressons-nous, dans
la pénible épreuve qu'elle traverse, l'expression
émue de nos douloureux regrets et de notre profonde sympathie.

Th. M.

M. ANTONIN PERRIER

J'ai été amené à faire la connaissance de Charles Bigot en allant le remercier jadis de quelques lignes émues et respectueuses qu'il avait écrites dans le *XIXᵉ Siècle*, à l'occasion de la mort d'une personne qui m'était profondément chère. C'est mon tour aujourd'hui de consacrer quelques mots à sa mémoire et d'exprimer la vive sympathie que m'inspirait cet homme de bien, cet honnête et vaillant citoyen, qu'une longue et cruelle maladie vient de nous enlever.

Témoin de la lutte qu'il a soutenue contre la souffrance, j'ai vu les soins admirables dont il a été entouré ; je sais quelle est la douleur de l'excellente compagne de sa vie. Mais ce sont là des choses intimes dont il m'appartient d'autant moins de parler que d'autres l'ont fait avant moi et mieux que je ne saurais le faire, sinon avec plus de conviction.

Par contre, on n'a pas encore assez dit, et le rédacteur militaire du *National* a le droit de dire que Charles Bigot, dans le cours de littérature qu'il professait à Saint-Cyr, a passionnément travaillé à élever l'âme de nos futurs officiers, à élargir leur horizon intellectuel, à les préparer au rôle patriotique qui leur était réservé.

Bien des fois nous en avons parlé ensemble, bien des fois nous avons regretté l'aridité des cours de nos grandes Écoles militaires où on s'applique surtout à meubler l'esprit des élèves, à orner leur mémoire, mais où on ne s'adresse pas assez à leur cœur. On leur enseigne des définitions et des règles de tactique; on ne cherche guère à développer en eux les hautes qualités morales.

Je me souviens de lui avoir cité à ce sujet le programme que donnait Napoléon au général Clarke, ministre de la guerre, dans une lettre du 1er octobre 1809 :

« Quant à l'ouvrage pour l'École militaire, disait-il, je désire qu'on y traite de l'administration en campagne, des règles du campement...

» Il faut surtout appuyer sur les devoirs de l'officier qui commande une colonne détachée; bien exprimer l'idée qu'il ne doit jamais déses-

pérer ; que, fût-il cerné, il ne doit pas capituler ;
qu'en pleine campagne, il n'y a pour de braves
gens qu'une seule manière de se rendre : c'est,
comme François 1er et le roi Jean, au milieu de la
mêlée et sous les coups de crosse ; que capituler,
c'est chercher à sauver tout, *hors l'honneur*.
Mais que, lorsqu'on fait comme François 1er, on
peut du moins dire comme lui : *Tout est perdu,
fors l'honneur !* Il faut citer là des exemples tels
que celui du maréchal Mortier, à Krems, et un
grand nombre d'autres qui remplissent nos an-
nales, pour prouver que des colonnes armées ont
trouvé moyen de se faire passage en cherchant
toutes leurs ressources dans leur courage ; que
*quiconque préfère la mort à l'ignominie se
sauve et vit avec honneur, et qu'au contraire
celui qui préfère la vie meurt en se couvrant de
honte.* »

C'est dans ce sens précisément que M. Bigot
dirigeait son enseignement à Saint-Cyr. Il s'était
donné pour tâche d'indiquer à ses élèves de
bonnes lectures militaires à faire, plutôt que de
bonnes lectures littéraires. Les citations qu'il
mettait sous leurs yeux, il les choisissait avec
soin parmi les passages qui étaient de nature à
former soit le jugement soit le caractère de ses

auditeurs, à échauffer leur enthousiasme, à mûrir leur esprit. Or, de cette éducation morale, de cette direction des âmes, il semblait que personne ne se souciât autour de lui.

Au milieu des professeurs militaires qui ne paraissaient guère s'appliquer à préparer nos officiers à ce « rôle social » qu'un article retentissant de la *Revue des Deux-Mondes* leur a justement attribué depuis, le seul qui s'en occupât, c'était un civil! « Depuis que notre éminent collaborateur, M. Charles Bigot, occupe la chaire de littérature à l'École spéciale militaire, il y a quelqu'un pour y prononcer les noms de nos grands généraux qui ont été en même temps des écrivains. »

*

Ces lignes que j'écrivais, il y a deux ans, je tiens à les reproduire aujourd'hui, comme aussi l'éloge que je faisais du *Petit Français*, il y a une dizaine d'années, au moment où l'Académie française venait de décerner un prix Monthyon à cet excellent manuel civique et militaire.

Ce n'est pas précisément un catéchisme, disais-je; la forme du questionnaire, toujours un peu sèche, n'y est pas employée. Le ton est celui

d'une conférence familière, d'une causerie dont
le tour est dégagé, l'allure entraînante et le style
éminemment sympathique. Les petites phrases
courtes et claires se pressent les unes sur les
autres, sans laisser le temps à la discussion ; on
se sent entraîné par un mouvement passionné
vers une apothéose éclatante. Un souffle poétique
passe dans tout le petit volume qui est une glori-
fication continuelle de la Patrie. Les arguments
de raison peuvent être froids ; les suggestions du
sentiment ne sauraient manquer d'échauffer. Il y
a dans tout ce manuel quelque chose de vivifiant
et de doux qui prend au cœur.

« C'est une grande difficulté, ajoutai-je, de
parler aux enfants. Comment ne pas tomber dans
l'enfantillage et dans la banalité ? Ici pourtant
rien de puéril ni de vulgaire. Et pourquoi ? Parce
que, de la première à la dernière ligne, on y
trouve une tendresse affectueuse pour l'enfant,
surtout pour le petit Français. L'élève ne se sent
pas tenu par la main d'un pédagogue qui le conduit ; une main caressante le fait aller où elle
veut, sans qu'il s'en doute. Oui, le style de
M. Charles Bigot est caressant, enveloppant, per-
suasif, et, par certains artifices de répétition,
grâce à un rythme harmonieux des périodes et

à l'allure rapide des phrases, sa clarté arrive à
l'éloquence dans ce qu'elle a de plus pénétrant. »

Dans l'auteur, en effet, on trouve un homme,
un homme de cœur, dont la grande élévation
morale n'exclut pas une pointe de chauvinisme.
Ah ! il ne se berce pas de rêves humanitaires et
ne parle guère de la fédération des peuples. S'il
en parle, c'est pour railler mélancoliquement les
belles utopies de fraternité universelle. « Sache-
» le bien, dit-il, en s'adressant au petit Français,
» ce qui existe réellement, ce n'est pas l'huma-
» nité, être vague, abstrait, que personne n'a vu
» ni ne verra ; ce sont les nations, qui, elles, exis-
» tent bien réellement. » Et à plusieurs reprises,
il nous montre la « tache noire » qui est maintenant à l'est de la carte de France. Cette carte,
deux fois reproduite dans le cours de l'ouvrage,
présente aux yeux des jeunes lecteurs la plaie
ouverte dans le flanc de la mère-patrie.

On sait le prodigieux succès de ce petit livre,
qui, s'il ne rapporta pas d'argent à l'écrivain, lui
valut une éclatante notoriété.

Aussi un grand éditeur s'adressait-il récem-
ment à lui pour une nouvelle publication militaire considérable. Hélas ! il n'assistera pas au
succès de son œuvre, œuvre enfantée dans la

douleur, et qui lui était doublement chère. Hélas ! hélas ! ce vaillant patriote nous quitte au moment où des hommes comme lui seraient nécessaires pour donner à notre chère France de saines leçons d'honnêteté et de civisme, et pour continuer l'œuvre qu'il avait entreprise par son enseignement et ses écrits.

Antonin PERRIER.

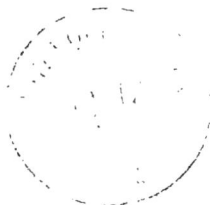

VERSAILLES. — IMP. CERF ET Cie, 59, RUE DUPLESSIS.

www.ingramcontent.com/pod-product-compliance
Lightning Source LLC
Chambersburg PA
CBHW071821090426
42737CB00012B/2151